SICOTTE

Verlag Podszun-Motorbücher GmbH
Elisabethstraße 23-25, D-59929 Brilon
Internet: www.podszun-verlag.de
Email: info@verlag-podszun.de

Herstellung Druckhaus Cramer, Greven

ISBN 978-3-86133-822-2

Jahrbuch 2017
Schwertransporte
& Autokrane

PODSZUN

Liebe Leserin, lieber Leser!

Dies ist die 13. Ausgabe des Jahrbuchs Schwertransporte & Autokrane. Wir freuen uns, Ihnen wieder interessante Themen rund um Ihr Hobby anbieten zu können. Dank gilt an dieser Stelle allen Autoren und Bildgebern, die in den letzten Wochen und Monaten mit Engagement und einer Menge Zeitaufwand gearbeitet haben, damit dieses Jahrbuch rechtzeitig erscheinen kann. Übrigens: Abbildungen, die nicht namentlich gekennzeichnet sind, wurden jeweils von den Verfassern der Artikel zur Verfügung gestellt.

Dank gilt Ihnen auch, liebe Leserin, lieber Leser, für die Zuschriften oder Telefonate, in denen Sie Kritik äußerten und Anregungen lieferten. Wir freuen uns auf den Kontakt mit Ihnen und sind gerne bereit, Ihre Wünsche zu berücksichtigen.

Viel Vergnügen mit dem Jahrbuch und nicht vergessen: das nächste Jahrbuch Schwertransporte & Autokrane, die Ausgabe 2018, ist ab Oktober 2017 erhältlich.

Ihr Redaktionsteam „Jahrbuch Schwertransporte & Autokrane"

P.S.

Sie können das Jahrbuch in Buchhandlungen oder direkt beim Verlag abonnieren.
Von den Ausgaben 2007, 2008, 2009, 2010, 2011, 2012, 2013, 2014, 2015 und 2016 sind noch Restexemplare lieferbar. Fordern Sie kostenlos und völlig unverbindlich unser Gesamtverzeichnis an:

Verlag Podszun-Motorbücher GmbH
Elisabethstraße 23-25, D-59929 Brilon, Telefon 02961/53213, Fax 02961/9639900
Email: info@verlag-podszun.de, Internet: www.podszun-verlag.de

Wolfgang Weinbach

297-t-Trafotransport

zu Lande, zu Wasser und am Kran-Trio

Für ein Kraftwerksprojekt in Köln hatte man im Frühjahr 2015 einen schweren Maschinentransformator vom Hersteller Alstom in Mönchengladbach zur GuD-Baustelle (Gas und Dampfkraftwerk) im Hafenbereich Köln-Niehl zu transportieren. Da der Stromwandler bei einem Einsatzgewicht von beachtlichen 410 t nicht so ohne weiteres überführt werden konnte, hatte man kurzerhand die Ölfüllung (87 t) und einige Anbauteile weggelassen, so dass das Ladungsgewicht auf knapp über 297 t reduziert wurde.

Die für den Transport verantwortliche Firma Kahl Schwerlast aus Moers stellte für die erste Etappe vom Trafowerk bis zur Schiffsverladung an der Nato-Rampe in Düsseldorf-Lörick ein 18-achsiges Goldho-

Nach zwei Nachtfahrten hatte das Kahl-Gespann, bestehend aus zwei DB 4165, einem 18-achsigen Goldhofer-Roller und natürlich der (ge)wichtigen Trafolast von 297 t, die Verladestelle in Düsseldorf-Lörick erreicht

Im Zug-Schub-Verband musste in Lörick die leichte Steigung zur dortigen Dammkrone erklommen werden. Die für die Schiffsverladung in Frage kommende Nato-Rampe liegt unmittelbar gegenüber der Düsseldorfer Messe am Rheinufer

Die Dammkrone hatte man auf einer Länge von rund 400 m zu befahren. Gegen unerwünschte Bewegungen auf dem Schwerlastroller hatte man den Transformator ausreichend zu verzurren

fer-Gespann zur Lastaufnahme. Für den Vortrieb sorgten dabei zwei DB 4165, die im Zug-Schub-Verbund zum Einsatz kamen. Während zweier Nachtfahrten wurde die Verladestelle gegenüber der Düsseldorfer Messe erreicht. Dort hatte man in entsprechend vorsichtiger Langsamfahrt die Dammkrone des Rheins zu erklimmen, über einige hundert Meter zu befahren, um schließlich das tieferliegende Vorland zu erreichen. Unmittelbar nach der Damm-Abfahrt musste man den rund 30 m langen Plateauanhänger auf einer schmalen Uferstraße um eine annähernd 90-Grad-Kurve Richtung Anlegestelle rangieren. Obwohl man zuvor auf dem weichen Rasenbereich neben der Straße einige Stahlplatten verlegt hatte, nahm das Manöver etwas mehr Zeit als vorgesehen in Anspruch. Einige abgesägte Äste des dort vorhandenen Baumbewuchses später konnte die Engstelle schließlich passiert werden. An dem Anleger selbst hatte sich zuvor ein Grove-Kran der Firma Franz Bracht aus der Niederlassung Krefeld an die Verlegung der erforderlichen Stahlrampe gemacht. Hier sollte der Trafotransport auf das bereitliegende Drive-in-Ponton der Firma van der Wees übersetzen. Nach gelungener Schiffsverladung, sprich Absetzen der 297-t-Last auf „Elefantenfüßen“, legte der Ponton-Verband noch am Nachmittag Richtung Köln ab.

Tags darauf stand bereits die Entladung des Transformators in Köln-Niehl an. Mangels geeigneter Rampe hatte man das Schwergut hier allerdings unter Zuhilfenahme entsprechend kräftiger Krane an Land zu hieven. Dies geschah jedoch auf nicht gerade übliche Art und Weise. Die Hauptarbeit fiel zunächst einmal einem Schwimmkran, dem Demag CC 2000S der Firma Hebo Maritime zu, der bei einer Ausladung von 15 m über 300 t maximale Traglast verfügt. Da dieser Wert inklusive Anschlagmittel und Lasthaken um einige wenige Tonnen überschritten wurde, musste dem Schwimmkran von Land aus assistiert werden. Als „Assistenz-Krane“ stellte hier die Firma Colonia zwei Teleskopkrane aus dem Hause Terex Demag, einen AC 350 sowie einen AC 160. Diese hatten, angeschlagen über jeweils zwei Kettenstränge an zwischengehängten Schäkeln, nur für das „Leichtern“ der 300-t-Überlast zu sorgen. In dieser doch eher ungewöhnlichen Konstellation jedenfalls wurde der Transformator angehoben, der Drive-in-Ponton zwischen Kaimauer und Schwimmkran abgezogen und die Last während der nächsten halben Stunde langsam auf Land zubewegt. Dort hatte man vorab den bereits aus Düsseldorf bekannten 16-Achser zur Ladungsübernahme in Stellung gebracht.

Nach erfolgreicher Verladeaktion war die abschließende Nachtfahrt über etwa drei Kilometer innerhalb des Hafengebiets bis zur Kraftwerksbaustelle kaum der Rede wert.

Etwa 500 m vor der Rhein-Rampe ging es leicht abschüssig von der Dammbefahrung hinunter ins Deichvorland

KAHL
www.kahl-schwerlast.de

KAHL
www.kahl-schwerlast.de

Eine nahezu rechtwinklige Abbiegung, hinein in ein kleines Waldstück, stellte für die ungelenke Transporteinheit ein kniffliges Hindernis dar. Unmittelbar neben der nicht gerade breiten Zufahrtstraße hatte man die feuchte Grasfläche für die ausladende Befahrung mit Stahlplatten zu belegen. Der erste Versuch der Kurvenbefahrung misslang zunächst. Man musste erst einmal komplett zurücksetzen und noch etwas großzügiger für festen Untergrund sorgen. Einige hölzerne „Schaltafeln“ sollten schließlich nicht unwesentlich zum Gelingen beitragen…

Nach einigem Rangieren und vorsichtigem Befahren der Holzvertäfelung gelang schließlich die heikle Kurvenfahrt hinein ins Uferwäldchen

Ein paar hundert Meter weiter stand man in Höhe von Rheinkilometer 749 vor der Nato-Rampe. Dort wurde umgespannt, schließlich wollte man den Trafo-Roller über die Rampe in das Transportschiff „hineinbremsen“

Während der Rampenfahrt bzw. dem Roll-in hatte der Achsausgleich kräftig zu arbeiten und der Bediener musste sich strecken …

… vorbei an einem Hilfsfahrzeug, das per gespanntem Stahlseil den Roll-in-Ponton zu halten half, ging die Fahrt ganz langsam über die ausgelegte Stahlrampe hinein ins Schiff. Das dauerte gut eine Dreiviertelstunde, musste doch gleichzeitig durch Auspumpen von Ballastwasser die Schiffsbefahrung ausgeglichen werden

KAHL

LASTORAGER 19
VAN DER WEES
KAHL

LASTORAGER 19
VAN DER WEES
KAHL
KAHL

Langsam verschwand das Trafogespann in dem Schwerlastponton

Am darauffolgenden Tag wartete man mit dem Kahl-Anhänger rheinaufwärts an der Entladestelle zwischen Hafenbecken 1 und 2. Um den Transformator für seine letzte Transportetappe zu übernehmen, rangierte man den sichtbar vorgespannten Anhänger nahe an die Kaikante

Nicht besonders weit anzureisen hatte man seitens des für die Hubarbeiten beauftragten Kranverleihers. Von Colonia wurden ein AC 160 und ein AC 350 bereitgestellt. Dem Fachmann wird sofort auffallen, dass mit diesen Kranleistungen die 297-t-Schwere auf keinen Fall zu bewältigen war

Weitere Hubkapazität näherte sich langsam im Hintergrund. Ein 300-t-Schwimmkran der Firma Hebo Maritime mit dem Kranaufbau eines Demag CC 2000S wurde an den Trafo-Ponton manövriert

Langsam wurde deutlich, dass der Stromwandler von diesem Kran-Trio an Land gehoben werden sollte. Dafür musste zunächst einmal der aufgebockte Trafo per Hilfskran angeschlagen werden

Die 297 t Last zuzüglich der Anschlagmittel und Traversen hätten den Schwimmkran bei der erforderlichen Ausladung dann doch etwas überfordert, so dass besagte Colonia-Krane bei diesem ungewöhnlichen Hub jeweils nur mit einem Lastanteil von wenigen Tonnen mithelfen mussten

Der Kranponton tauchte beim Hub deutlich in Hafenwasser ein

Die Autokrane hatte man unmittelbar an der Kaikante positioniert

Wer die Hauptarbeit zu leisten hatte, war gut an den Lasthaken und der Seileinscherung zu erkennen. Der vierte Haken gehörte zum Schwimmkran, wurde allerdings nicht benötigt

Das außergewöhnliche Kran-Trio beim „Einholen“ des gewichtigen Transformators

TEREX
hebo

Das Einschweben nahm rund eine Stunde in Anspruch

Völlig entspannt beobachtete man den Anflug des Trafos von Land aus

Die spektakuläre Teamarbeit konnte letztendlich erfolgreich abgeschlossen werden, so dass das Kahl-Gespann am Abend abfahrbereit auf die letzten Kilometer wartete

COLONIA
COLONIA
COLONIA
SPEZIALFAHRZEUGE
Köln 95 686-0
COLONIA

KAHL
www.kahl-schwerlast.de
KAHL
www.kahl-schwerlast.de
KAHL

Michael Müller

Baumann

Ersteinsatz der neuen Kesselbrücke

Die Firma Renk AG in Rheine produziert hochwertige Komponenten der Antriebstechnik und Prüfsysteme. Sie hatte an die Firma Baumann, Spezialist für überaus schwierige Spezialtransporte, den Auftrag vergeben, ein Getriebe über die A 30 zum Hafen Venhaus in Spelle zu transportieren. Dazu setzte Baumann erstmalig die Kesselbrücke Typ 1978 ein, die von der Firma Greiner gebaut worden war. Diese Kesselbrücke verfügt über eine maximale Tragkraft von 400 t. Die Tragkraft einer Brücke ist abhängig von der Trägerkombination, dem Sonderzubehör und der Fahrwerkszusammenstellung.

Das bei diesem Einsatz transportierte Getriebe wog 195 t.Die eigentliche Schwierigkeit bei dem Transport war aber nicht das Gewicht sondern die Streckenführung. Es war nämlich eine Autobahnunterquerung der A 30 auf dem Weg zum Hafen Venhaus in Spelle zu passieren, wo nach vorausgegangenen Messungen nur eine Durchfahrtluft von 5 cm war. Die Straße ist unter der Brücke zudem mit Gefälle zur Seite gebaut worden, die „Luft“ war also nur auf der linken Seite unter Befahrung des Radweges gegeben. Erschwerend kam die Länge der Brücke hinzu. Ganz langsam unterfuhr der Transport mit bis zum Äußersten abgelassener Last die Brücke, alle Augen stets auf die höchste Stelle der Ladung gerichtet. Die „Luft“ reichte aus, das Getriebe kam wohlbehalten und unversehrt im Hafen an. Dort wurde es in ein Binnenschiff verladen und zu seinem Empfänger, dem Unternehmen Jan de Nul gebracht. Die Firma ist weltweit führend im Bereich von Meeresbauaktivitäten wie beispielsweise dem Ausbaggern. Damit werden, um nur ein Beispiel zu nennen, Wasserstraßen befahrbar gemacht. Aber auch im Bereich der Offshore-Industrie ist die Firma tätig, also im Bereich Öl, Gas und erneuerbarer Energie. Dieses Getriebe war bestimmt für einen der größten Cutter Suction Dredger überhaupt. Das Schneidrad Saugbagger Schiff gehört zu den größten jemals gebauten seiner Art.

Der Transport, fertig verladen und abgenommen, auf dem Firmengelände bei der Renk AG in Rheine

Nach einem heftigen Regenschauer glänzt die neue Brücke wie „nagelneu". Für das Bedienpersonal wurde eigens eine Kabine auf die Goldhoferachsen montiert

Hier sieht man den relativ kurz gebauten Drehtisch der neuen Brücke

Die schraffierten Endstücke der Quertraverse sind bei Leerfahrt einklappbar, zu erkennen an dem Scharnier auf der rechten Seite. So kann die normale Fahrzeugbreite bei Leerfahrt eingehalten werden. Die senkrechten Hydraulikzylinder halten die gesamte Brücke in der Waage. Sie sind natürlich ebenfalls hydraulisch verstellbar

Das Gefährt von der anderen Seite. Gut erkenn- und abschätzbar ist die gewaltige Zuglänge

Gefahren wird mit Zug- und Schubmaschine sowie 2 x 14 Achsen Goldhofer THP Achslinien

Die Mercedes Zugmaschine hat jeweils eine große Kupplung hinten und vorne angebaut

Das schwere doch relativ kurze Getriebe passt mit dem Lagergestell exakt in die Kesselbrücke hinein

Der große Zylinder hebt und senkt die Brücke nach Bedarf. Hier erkennt man sehr gut die einbaubaren Zwischenstücke, die je nach Anforderung getauscht werden können

22:00 Uhr, es geht los! Langsam bewegt sich der Zug durch das große Tor auf die angrenzende Straße

Nach Vorbeifahrt an dem Firmengelände folgt eine 90° Kurve. Um diese zu meistern, muss erst noch einmal auf die andere Seite des Werksgeländes zurückgesetzt werden, damit der komplette Rangierraum genutzt werden kann. Schon hier kommt es schon auf jeden Zentimeter an, aber wegen der Wendigkeit der Achsfahrwerke ist auch diese Kurve nach einigem Rangieren kein Problem. Danach geht es durch die Innenstadt von Rheine Richtung Autobahn

Der Transport nähert sich der Autobahnbrücke. Die Kesselbrücke wird abgesenkt

Fast geschafft! Nur wenige Millimeter Platz sind oben frei, unten hat das Tragegestell noch die Stärke eines Blatts Papier Abstand zum Boden. Das Gefälle der Fahrbahn erfordert extrem langsames Navigieren, und das soweit links wie eben möglich

Das Ziel ist ohne nennenswerte Probleme erreicht worden. Die Brücke hat ihren Ersteinsatz mit Bravour gemeistert

Da im Hafen ausreichend Platz zum Umbau war, wurde die Brücke für den nächsten Einsatz schon umgebaut. Die Fahrwerke wurden um zwei Achslinen auf 16 erweitert, der Drehtisch an die neue Mitte angepasst und ein langer Obertäger wurde zusätzlich in die Brücke eingebaut

Hier sieht man die Verschiebebahn. Bei Leerfahrt befinden sich die oberen Träger eingefahren auf den Fahrwerken. Der vordere Querträger ist eingeklappt. Hier stützt sich die Kesselbrücke ab und rutscht dann beim Ausfahren auf dem Träger wieder nach außen. Auch an der Verschiebebahn sind anklappbare Verlängerungen montiert

Der nächste Einsatz ist der Transport eines Trafos. Da beim nächsten Einsatz mit 16 Achsen gefahren wird, verändert sich auch der Drehpunkt der Brücke. Die Oberträger sind verlängert worden. Gegenlagerstücke sind oben schon angebaut, ebenso ist ein rückwärtiger Lampenträger installiert worden

Zur Schonung der Reifen hat man hier bei Leerfahrt einige Achsen angehoben

Es erfolgt noch ein sicheres Verstauen der Arbeitsgeräte, die man bei dem Umbau benötigt hatte

Beide Kesselbrückenteile wurden natürlich umgebaut, und so steht man zur baldigen Abfahrt bereit

Stefan Bodynek

Die Geschichte der Kranwagen bei der Feuerwehr Dortmund

Wir schreiben das Jahr 2015, die Feuerwehr beschafft ihren siebten Kranwagen in ihrer über 112 Jahre währenden Geschichte. Und nicht immer war die Beschaffung eines Kranwagens so wenig fragwürdig wie vor 86 Jahren.

Durch die Eingemeindung umliegender Ortschaften wuchs Dortmund in den dreißiger Jahren des letzten Jahrhunderts immens an und die stetig wachsende Automobilisierung stellte die junge Feuerwehr vor große Herausforderungen. Diese konnten mit den vorhandenen Mitteln nur unzureichend gelöst werden. Die Anzahl der zu leistenden Hilfeeinsätze nahm enorm zu und so beschaffte die Feuerwehr Dortmund 1929 ihren ersten Rüstzug, bestehend aus einem Rüstwagen und einem Krananhänger. Neben der Feuerwehr Berlin war Dortmund die einzige Feuerwehr in Deutschland, die einen Krananhänger besaß.

Der Kran, gefertigt von den Ardeltwerken in Ludwigswalde, wurde auf einem dreiachsigen Fahrgestell der Waggonbau-Anstalt Lange & Gutzeit aus Berlin aufgebaut. Im Gegensatz zum Berliner Krananhänger besaß das Dortmunder Pendant einen 10 PS leistenden DKW-Motor zum Aufrichten der Last. Die übrigen Kranbewegungen wurden per Handbetrieb ausgeführt. Mit dem Kran konnten Lasten bis zu 2,5 t gehoben werden. Am Heck war ein Spill angebracht, der ebenfalls von Hand bedient werden musste.

So wird in einem Bericht im Jahre 1930 über den Rüstzug in der Zeitschrift „Feuerschutz“ berichtet, dass kurz nach Indienststellung der Krananhänger bei einer Straßenbahnentgleisung und mehreren Unfällen erfolgreich zum Einsatz kam.

Nach dem Ende des Zweiten Weltkriegs erhielt die Feuerwehr Dortmund einen Diamond T 969 Wrecker aus amerikanischen Armeebeständen. Er war ausgestattet mit einem Holmes W45 Twin-Boom, einem Kompressor und mit einer Seilwinde,

Auf dem Hof der Feuerwache 2 in der Münsterstraße werden die Einsatzmöglichkeiten des Rüstzuges mit Krananhänger demonstriert. Am Krananhänger ist ein LKW angehängt (FWDO)

Die Spillwinde des Krananhängers im Einsatz, beim Aufrichten eines umgestürzten Tankzuges (FWDO)

die ein Zugvermögen von 6,8 t besaß. Die beiden Twin-Booms waren ebenfalls mit je einer Winde ausgestattet, die über ein Zugvermögen von jeweils 2,27 t verfügten. Bis 1961 war dieses Fahrzeug im Dienst der FW-Dortmund und behielt bis zum Schluss seinen militärisch grünen Anstrich.

Ende der fünfziger Jahre des 20. Jahrhunderts, in der Zeit des so genannten Wirtschaftswunders, nach dem Wiederaufbau und im Verlauf der aufblühenden Industrie nahm die Zahl der Hilfeleistungen stetig zu. Dortmund beschaffte darum Ende 1958 einen KW 15 von Magirus, der für Lasten bis zu 15 t ausgelegt war. Das war zu jener Zeit ein Fahrzeug, das speziell für die Anforderungen der Feuerwehren entwickelt worden war. Der Magirus-Kran besaß neben der 15 t Krananlage auch eine Spillanlage mit einer Zugkraft von 15 t bei einsträngigem Seil. Das Fahrgestell, ein Magirus-Deutz Uranus Dreiachs-Fahrgestell, wurde von einem 250 PS leistenden V12 Motor angetrieben und brachte das 19 t schwere Fahrzeug auf eine Geschwindigkeit von 70 km/h. Neben den vielen Hilfeleistungseinsätzen bei Unfällen jeglicher Art wurde der KW 15 von den Dortmundern auch zum Bergen von Blindgängern eingesetzt. Aber auch in Privatbetrieben kam er gegen Entgelt zum Einsatz. Schließlich waren Kranwagen damals Mangelware, und das Entgelt konnte die Stadtkasse gut gebrauchen. Fünf Jahre später gesellte sich ein zweiter Magirus-Kranwagen – diesmal ein KW 16 – hinzu, um die stetig ansteigende Anzahl von Hilfeleistungen und Kranarbeiten abarbeiten zu können. So war ein Kran im Norden und ein weiterer Kran im Süden der Stadt stationiert.

In den siebziger Jahren wurde der Ruf nach leistungsstärkeren und moderneren Teleskopkränen bei den Feuerwehren lauter. Diesem Trend wurde die Dortmunder Feuerwehr mit der Beschaffung eines KW 25 auf SFB(Sonderfahrzeugbau) Fahrgestell (KTL2525-30 8x4) und Kranaufbau von MFL (Maschinenfabrik Langenfeld) gerecht. Die eingebaute Winde hatte eine Zugleistung von 20 t. Durch die Indienstnahme des KW 25 ging der KW 15 in den wohlverdienten Ruhestand. Der KW 16 versah noch einige Jahre parallel mit dem KW 25 seinen Dienst.

1994 war auch die Zeit des KW 25 abgelaufen und ihn ersetzte ein Liebherr-Mobilkran, der für eine Last von 40 t ausgelegt war. Bei dem KW 40 handelte es sich um einen Liebherr LTM1040, angetrieben von einem 15 l hubraumstarken 8 Zylinder Daimler-Benz-Motor mit einer Leistung von 218 KW (295 PS). Der KW ist mit einer Rotzler-Winde ausgestattet, die über eine Zugkraft von 200 kn verfügt und deren Seillänge 75 m misst. Um für Einsätze schneller arbeitsbereit zu sein, ist die Seilführung der Kranflasche auf 26 t Last abgeändert worden. Zur damaligen Zeit war die Beschaffung eines neuen KW schon umstritten, da eine solche Neuanschaffung eine Menge Geld des ohnehin strapazierten Haushalts der Stadt beanspruchen würde. Aber es setzte sich der Gedanke durch, auf einen Feuerwehrkran nicht verzichten zu können.

Nach weiteren 20 Jahren und unzähligen Einsätzen des KW 40 steht wieder eine Neubeschaffung eines KW bei der Feuerwehr Dortmund an. Die Diskussion, ob ein Kranwagen überhaupt nötig sei, wurde schon im Juli 2012 im Rat der Stadt geführt. Es stand eine Investition von über eine Million Euro an. Alles Für und Wider wurde abgewogen, wie zum Beispiel eine Kooperation mit einem Privatunternehmen oder mit einer benachbarten Feuerwehr. Am Ende waren diese Optionen aber keine Alternative, wenn man die unverzichtbar schnelle Einsatzbereitschaft eines KW an einer Einsatzstelle ins Kalkül einbezog. Aber um Synergieeffekte, wie es so schön auf „Neudeutsch" heißt, zu nutzen, sollte ein Kran, wie er in einer Nachbarstadt bereits vorhanden ist, beschafft werden. Ein Arbeitskreis wurde gebildet, der die Beschaffung des neuen Fahrzeuges verantwortete.

Anfang März 2016 war es dann soweit: der „Neue" stand auf dem Hof der FW1. Die Maschinisten und Ausbilder machten sich nun intensiv mit dem neuen Einsatzfahrzeug vertraut, damit es so bald wie möglich eingesetzt werden kann. Bei dem Liebherr Teleskop-Mobilkran handelt es sich um einen LTM 1070-4.2. Angetrieben wird er von einem 6 Zylinder-Diesel mit einer Leistung von 300 KW (407 PS) aus dem Hause Liebherr. Der Kranausleger kann zwischen 11 und 50 m austeleskopiert werden. Der Aufbau des Krans ist auch über eine Fernbedienung über Bluetooth möglich. Dann rechnet der Bordcom-

Der KW 15 im Einsatz bei der Bergung eines Gefahrenbaumes (FWDO)

puter die eingegebenen Daten um und bringt den Kran in Stellung. Nur die Hubarbeit muss noch manuell erfolgen. Als Zusatzausrüstung Feuerwehr wird an der Front des Kranes eine Lasttraverse (25 t) mitgeführt, die bis auf eine Länge von 3500 m austeleskopierbar ist. Am Heck ist eine Bergewinde von Rotzler mit einer Zugkraft von 80 kn eingebaut. In den zusätzlich angebrachten Gerätekästen wird die benötigte Ausrüstung zum Anschlagen von Lasten wie Hebebäder, Endlosseile und Schäkel mitgeführt. Neben einem Windmesser verfügt der Kran über eine Flugsicherungsleuchte, die in der Nähe des Flughafens bei Arbeiten eingeschaltet werden muss.

Der KW ist mit einer Flasche, die für Lasten bis zu 22,8 t ausgelegt ist, ausgestattet. Dies erlaubt eine Fahrt ohne Sondergenehmigung und die kleinere Flasche erlaubt bei Fahrten eine bessere Sicht für den Maschinisten. Gegenüber seinem Vorgänger verfügt der LTM1070 4.2 über ein größeres Lastenspektrum.

So versieht nun seit geraumer Zeit der neue Kranwagen seinen Dienst auf der Feuerwache1 und rückt im Bergungszug der Spezialeinheit Bergung mit dem Abrollbehälter-Rüst zu Einsätzen aus.

Quellen
Sonderfahrzeuge, vom Schlauchkarren zum Umweltschutzfahrzeug, Helmut Herth, Verlag W. Kohlhammer; Feuerschutz 1930; Tankograd technical manuell Series N°6011 Diamond t 4-Ton 6x6, Michael Franz, Verlag Jochen Vollert

Dank
an die Pressestelle der Feuerwehr Dortmund und dem Stadtarchiv Dortmund für die freundliche Unterstützung.

Zweiter Kranwagen in Dortmund, Daimond T 969 aus ehemaligen US-Army-Beständen (FWDO)

Im April 1958 ist der Daimond T bei einem Verkehrsunfall (VU) im Einsatz (Stadtarchiv Do/Völl)

Nach einem Unfall mit einer Straßenbahn hängt dieser Ford LKW am Haken des Daimond T (Stadtarchiv Do/Völl)

14. August 1958, der neue KW 15 wird der Öffentlichkeit auf der Feuerwache 2 vorgestellt (Stadtarchiv Do/Völl)

Im Zusammenspiel mit dem LKW ist der KW 15 bei einer Übung in Aktion (FWDO)

Die Abschleppeinrichtung am Heck des KW 15 im Einsatz mit angehängtem LF 25 (FWDO)

Der KW 15 in Aktion bei der Bergung von „Rollmöpsen“ (FWDO)

Verstärkung – der KW 16 vor der Feuerwache 4 in Dortmund-Hörde (FWDO)

Im Winter hoben die Kranwagen das Feuerlöschboot aus dem Kanal, um es vor Beschädigungen durch Eisgang zu bewahren. Hier ist der KW 16 im Einsatz (FWDO)

Der KW 16 im Einsatz mit den Tauchern bei der Bergung eines Sportwagens aus dem Dortmund-Ems-Kanal (FWDO)

Auch zum Aufstellen von Skulpturen im Stadtgarten wurde der KW 16 eingesetzt (FWDO)

Übungsdienst mit KW 16 auf dem Hof der Feuerwache 4 (FWDO)

Hier ein Beispiel für die große Ausladung des KW 25 gegenüber dem KW 16 (FWDO)

Die Zeit der Teleskopkranwagen bei der Feuerwehr Dortmund ist angebrochen, KW 25 auf SFB Fahrgestell und Kranaufbau von MFL (FWDO)

KW 25 im Einsatz bei einem umgestürzten Sattelzug (FWDO)

Ungewöhnliche Last: weiße Nashörner für den Tierpark Dortmund (FWDO)

Wachablösung: der KW 40, ein Liebherr LTM1040

Nach einer Bombenentschärfung hängt eine Luftmine aus dem Zweiten Weltkrieg am Haken des KW 40 (FWDO)

Zusammenspiel der KW aus Dortmund und Münster am Ausbildungszentrum in Dortmund bei einer Übung (FWDO)

Einer der letzten Einsätze des KW 40. Ein in Schräglage geratener Möbellift wird geborgen (FWDO)

März 2016, der „Neue" ist da! KW 40 und KW 70 nebeneinander auf dem Hof der Feuerwache 1 (FWDO)

Noch darf der „Neue" nicht in den Einsatz, während der KW 40 bei der täglichen Übernahme ist

31-35 Seit März 2016 bei der Feuerwehr Dortmund auf der Feuerwache 1: der Liebherr Teleskop-Mobilkran LTM 1070-4.2

Damit der „Neue" bald in Dienst gehen kann wird jeden Tag mit dem Fahrzeug geübt (FWDO)

Heckansicht mit Bergewinde auf der linken Seite, diversen Radkeilen und Staukästen

FEUERWEHR DORTMUND
LIEBHERR
DO FW 2999

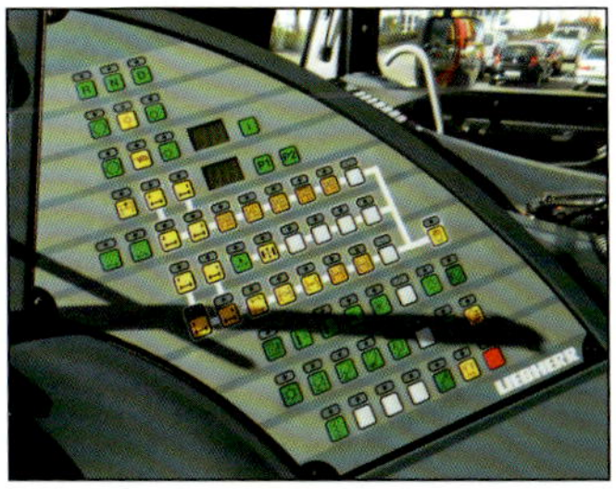

Bedienelement des Fahrgestells im Fahrerhaus, Bedienelemente in der Krankabine und Bluetooth-Fernbedienung

Der neue KW bei einer Übung am Ausbildungszentrum (ABZ) der FW-Dortmund. Hier wird ein Arbeitskorb über ein Gebäude auf dessen Rückseite gehoben (FWDO)

Fünf Kranwagen beim „Kranwagenballett" auf der Übungsfläche des ABZ. Hier trafen sich die Feuerwehren Bochum, Dortmund, Münster und Wuppertal und übten das Zusammenspiel mehrere Kranwagen gleichzeitig. Bei dieser Übungseinheit wurden spezielle Arbeitstechniken wie zum Beispiel der Tandemhub, bei dem zwei Kranwagen gemeinsam eine Last bewegen, durchgeführt. Als Übungsabschluss hoben dann vier Krane gemeinsam den alten Dortmunder KW an (FWDO)

Oliver Thum

350 t für CERN

Liebherr LTM 1800 und Gottwald AK 850-1 im Einsatz für den weltgrößten Teilchenbeschleuniger

Im November 1988 hatte die Schmidbauer KG, bei der ich als Kranfahrer beschäftigt war, einen nicht ganz alltäglichen Auftrag im französischen Teil der Schweiz zu erledigen.

Im gemeinsamen Einsatz mit dem Gottwald AK 850-1 und meinem Liebherr LTM 1800 sollten wir zwei Teile des Large Electron-Positron Collider, kurz LEP (großer Elektron-Speicherring) am weltgrößten Teilchenbeschleuniger am Europäischen Kernforschungszentrum CERN bei Genf einheben.

Gegen Mittag des 3. November 1988 begann nach einem Einsatz im Kernkraftwerk Isar 2 in Ohu bei Landshut die Anfahrt mit dem LTM 1800 nach Cern. Über die Bundesautobahnen 93,9,6 und 5 erreichten die Tieflader mit Kranzubehör und mein Kranfahrzeug die Raststätte Bruchsal, wo unser Convoi über das Wochenende stehen bleiben musste.

Die Weiterfahrt starteten wir am 6. November 1988 gegen 24:00 Uhr. Nach achtstündiger Fahrt – wie damals üblich mit Polizeibegleitung – erreichten wir nach etwa 200 Kilometern die Grenzanlage Neuenburg, wo wir auf den Convoi des AK 850-1 trafen. Nach einer weiteren Zwangspause von mehr als fünf Stunden für die Verzollung ging es über französische Nationalstraßen in Richtung Besancon und von dort weiter in Richtung Alpen. Dabei wurden wir von privaten französischen Begleitfahrzeugen unterstützt. Lediglich durch größere Ortschaften oder Städte durften wir nur mit französischer Polizeibegleitung unseren Weg fortsetzen. So erreichte unser aus 17 Tiefladern und zwei Kranfahrzeugen bestehender Convoi trotz steiler und enger Passstraßen bereits am 9. November 1988 den Einsatzort Cern.

Das Flaggschiff voraus. Der Gottwald AK 850-1, dahinter der Liebherr LTM 1800 samt Telemasttransport. Es folgen weitere Lkw mit Gitterteilen des AK 850-1 auf einer französischen Nationalstraße

Direkt nach der Ankunft wurde mit dem Teilaufbau des LTM 1800 begonnen, da dieser erst nach dem Aufbau des AK 850-1 in seine endgültige Hebeposition verfahren werden konnte. Nach dem Aufbau des AK 850-1, der Samstagmittag abgeschlossen war, versammelte man sich noch für ein gemeinsames Erinnerungsfoto, bevor man sich für den Rest des Tages der Fahrzeugpflege widmete. Zur Entspannung wurde der Sonntag für einen Abstecher in das nahegelegene Mont-Blanc-Massiv genutzt. Am frühen Montagmorgen wurde der LTM 1800 in seine endgültige Hebeposition verfahren, abgestützt und ballastiert und somit auch hubbereit.

Währenddessen wurden in einer benachbarten Halle letzte Arbeiten an der „tube“, so die Bezeichnung des einzuhebenden Teils, ausgeführt, die anschließend mit Hilfe einer hydraulischen Schubvorrichtung aus der Halle geschoben wurde. Dort wurde die „tube“ zunächst vom AK 850-1 angeschlagen, dann wiederum mit der hydraulischen Schubvorrichtung noch weiter ins Freie katapultiert, wo sie schließlich auch mit dem LTM angeschlagen wurde.

Das Aufstellen der „tube“ mit einem Gewicht von sage und schreibe 350 t, einer Gesamtlänge von 32 m und einem Durchmesser von 4,5 m in die Senkrechte dauerte einige Stunden. In der Nebenhalle, in der sich ein 50 m tiefer Schacht befand, musste alsdann die 350 t schwere „tube“ eingehoben werden. Zuvor schon hatte der AK 850-1 das Dach der Halle geöffnet und hob nun unter großem Publikumsinteresse die „tube“ in den 50 m tiefen Schacht. Dort wurde sie erneut auf einer hydraulischen Verschubbahn abgestellt. Allerdings musste sie in dem tiefen Schacht wieder in die Waagerechte gebracht werden, wofür die Hubseillänge vom Kran nicht gereicht hätte. Nachdem die „tube“ also im Schacht senkrecht abgestellt und gesichert war, wurde der AK 850-1 von seiner Last befreit. Die Anschlagseile wurden verlängert, die „tube“ wurde erneut angeschlagen und mittels hydraulischer Verschubbahn in einem dicken Bleigehäuse unten im 50 m tiefen Schacht in die Waagerechte gebracht. Zwischenzeitlich war der LTM 1800 abgebaut sodass wir am 17. November 1988 die Rükkfahrt antraten. Nach zwei Tagen erreichten wir wohlbehalten unsere Niederlassung in Karlsruhe.

Für meine Kollegen vom Gittermastkran war der Einsatz aber noch nicht beendet. Es musste noch ein weiteres Teil, ein Magnet, dessen Gewicht 240 t betrug und das einen Wert von damals 100 000 000 deutschen Mark hatte, in den Schacht gehoben werden. Da sollte es in die „tube“ eingebaut werden.

Nachdem der schwerste und wohl auch wertvollste Einzelhub unserer Firma zur vollsten Zufriedenheit des Kunden ausgeführt worden war, wurde der AK 850-1 abgebaut und zu seinem nächsten Einsatz nach Ludwigshafen auf die Reise geschickt.

Unterwegs im Morgennebel

Kurze Rast an einem Parkplatz. Die Begleitpersonen des Convois von links nach rechts: Hermann Lenz, Helmut Wittmann und Oliver Thum vor dem Liebherr LTM 1800

Bei geeigneten Tankstellen hieß es mitunter schon Schlange stehen für die Fahrzeugflotte

Über steile, schmale und mitunter kurvenreiche französische Bergstraßen ging es in Richtung Cern. Bei Ortsdurchfahrten konnte es bei Gegenverkehr durchaus mal besonders eng werden

Der LTM 1800 ist teilaufgebaut. Im Hintergrund sieht man den AK 850-1 beim Zusammenbau des Maxi-Lift Auslegers

Fleißig wird am Zusammenbau des Maxi-Lift Auslegers gearbeitet

Als Aufbaukran diente ein CERN eigener Liebherr LT 1090. Rechts im Bild ist die Fertigungshalle der „tube“ zu sehen

Nach dem Aufbau des AK 850-1 versammelte man sich noch für ein Erinnerungsfoto mit CERN-Mitarbeitern

Sonntagsausflug nach Chamonix zum Mont Blanc Massiv

Die „tube“ wurde mit der hydraulischen Schubvorrichtung aus der Fertigungshalle geschoben, damit der AK 850-1 an der gelben Hebetraverse angeschlagen werdenkonnte

Oben: **Der Ak 850-1 ist an der „tube“ angeschlagen und wird aus der Halle geschoben.** Unten links: **Hoher Besuch aus München: von links nach rechts: Jakob Schmidbauer, der Gründer der Schmidbauer KG, seine Gattin Franziska Schmidbauer und Sohn Heinz Schmidbauer.** Unten rechts: **Jakob Schmidbauer vor dem Gottwald AK 850-1 am 15. November in Cern**

Schmidbauer KG
Schmidbauer KG

Die „tube“ ist aufgestellt

Nach dem Aufstellen der „tube“ versammelte man sich noch einmal zu einem Erinnerungsfoto. Von links nach rechts: Heinz Schmidbauer, Prokurist Richard Winkler (Mitarbeiter Cern), Klaus Ruhland, Helmut Maier, Oliver Thum, Willi Bauer, Helmut Wittmann, Norbert Friedrich und Herman Lenz (Mitarbeiter Cern)

Der Mann am Steuerhebel des AK 850-1: Herman Lenz (Lauri)

Oliver Thum und Herman Lenz auf dem Podest der Kranführerkabine des AK 850-1

Einheben der „tube“

Blick aus dem Inneren der Halle auf die am Kran hängende „tube“

Der hellblaue Teil zeigt die „tube“ im eingebauten Zustand, das gelbe Teil ist der Magnet

Der 240 t schwere Magnet mit einem Wert von 100 000 000 DM war bis dato der wertvollste Hub der Schmidbauer KG

Hier erfolgt das Einheben des wertvollen Hebeguts

Wolfgang Weinbach

A300 Zero-G bei ihrem letzten Flug

Im August 2015 bot sich zahlreichen Touristen, dem Flughafenpersonal sowie auch geladenen Gästen am „Köln Bonn Airport“ ein besonderes Spektakel. Aber auch die an einem Flughafen häufig anzutreffenden „planespotter“ (von engl. to spot „beobachten“) kamen auf ihre Kosten. Hinzu gesellten sich überdies zahlreiche „cranespotter“, die einer interessanten Hubaktion beiwohnen wollten und gleichfalls einige Gigabyte an Film- und Fotodokumenten angefertigt haben dürften.

Angelockt jedenfalls und über Stunden beschäftigt wurden all jene vom letzten „Flug“ eines geschichtsträchtigen, wenn auch gar nicht so alten ehemaligen Passagierflugzeuges, eines Airbus A300B. Obwohl, als Passagierflugzeug ist der älteste noch existierende Airbus überhaupt nie eingesetzt gewesen. Dem Jet, der als dritter Prototyp des weltweit ersten zweistrahligen Großraumflugzeuges die Fertigungshallen im französischen Toulouse verließ, war ein viel spannenderer Lebenslauf mit viel „Auf und Ab“ vorbehalten.

Nach dem Erstflug eines A300 im Oktober 1972, die beiden ersten Flugzeugmuster sind inzwischen verschrottet, hob besagtes drittes Exemplar am 28. Juni 1973 zu seinem Jungfernflug ab. Nachfolgend wurde der heutige „Mittvierziger“ von Airbus bis ins Jahr 1997 ausschließlich als Testflugzeug eingesetzt, hat also nie normale Flugtouristen in weit entfernte Urlaubsregionen gebracht. Mit dem Ende der langen „Testphase“ begann allerdings eine neue spektakuläre Karriere des Fliegers im Dienste der Wissenschaft.

Mit der vielsagenden Bezeichnung A300 Zero-G kam der von zwei General Electric CF6-50-Triebwerken ausgerüstete Flieger (53,6 m Länge, 44,8 m Spannweite, 16,9 m Höhe) fortan als Experimentalflugzeug mit der vielsagenden „Qualifikation zur Durchführung von Parabelflügen“ zum Einsatz. Der Betreiber jedenfalls, die französische Firma Novespace, stellte den entsprechend umgebauten Airbus seit 1999 der internationalen Wissenschaft für zahllose Experimentalflüge zur Verfügung. So sind während 5200 Flügen und 4200 Flugstunden beachtliche 13 180 Parabeln absolviert worden. Parabelflüge wurden hierbei sowohl für wissenschaftliche Experimente in Schwerelosigkeit (Mikrogravitation) wie auch zur Testung von Raumfahrttechniken durchgeführt.

Bei einem solchen Parabelflug steigt das Flugzeug zunächst aus dem horizontalen Flug steil nach oben, drosselt die Turbinenschubkraft auf nahezu Null, um nach Erreichen des Scheitelpunktes anschließend in einen Sturzflug überzugehen. Während eines solchen Flugmanövers wird dann für rund 22 Sekunden die Schwerelosigkeit an Bord erreicht. Die Zero-G brachte es bei einem solchen Parabel-Einsatz auf bis zu 31 Parabeln (!) und sorgte damit für annähernd zwölf Minuten Schwerelosigkeit für die bis zu 40 Wissenschaftler und zehn Besatzungsmitglieder.

Das in Köln in unmittelbarer Nähe zum Flughafen ansässige Deutsche Zentrum für Luft- und Raumfahrt (DLR) war bis ins Jahr 2014 verantwortlicher Auftraggeber für genau 25 solcher Parabelflug-Kampag-

Der Airbus A300 in seiner typischen Parabel-Fluglage, die er über viele Jahre auch im Auftrage des Deutschen Zentrums für Luft- und Raumfahrt (DLR) mit seinen Wissenschafts-Passagieren an Bord am Himmel zeigte *Quelle: DLR*

Im Spätsommer 2015 waren am Köln Bonn Airport ungewöhnliche Aktivitäten eines Schwerlastspezialisten aus Mainz zu beobachten. Für die vielen Fluggäste, die am Parkplatz Nord mit ihrem Gepäck zwischen Flugterminal und Parkhäusern pendelten, war zumindest kein auffälliges Bauprojekt erkennbar, das einen solchen Raupenkran hätte erklären können

nen, die entweder vom Flughafen Bordeaux-Mérignac oder eben von Köln-Bonn ausgeführt wurden, was den Bezug zum nunmehr letzten Landeplatz für den A300 erklärt. Den Experimental-Airbus, einer von nur drei weltweit im Einsatz befindlichen Parabel-Fliegern, sollte jedenfalls nicht das Schicksal des Abwrackens wiederfahren, so wie bei den anderen Vorserienmaschinen des Typs geschehen.

Sowohl die angesprochene DLR wie auch der Flughafenbetreiber bemühten sich intensiv um die Übernahme dieses speziellen A300. Im Jahr 2014 erfolgte dann mit der Indienststellung eines moderneren Nachfolgers vom Typ A310 die Außerdienststellung des betagten 300ers. Der ausgemusterte Experimental-Flieger sollte letztlich als zukünftiges begehbares Ausstellungsstück dauerhaft erhalten bleiben.

Als letzter Standort wurde nach langen Überlegungen der Parkplatz Nord, welcher unmittelbar an das Rollfeld in Höhe Terminal 2 angrenzt, auserkoren. Einziges Hindernis waren allerdings gute 8 m Niveauunterschied zwischen Rollfeld und Parkplatz, zuzüglich eines 2 m hohen Sicherheitszauns zur Rollfeldabsicherung, den es ebenfalls galt zu überwinden. Für den nach seiner letzten durchgeführten Parabelflug-Kampagne bereits am 3. November 2014 von Bordeaux nach Köln überführten Flieger musste demzufolge eine entsprechend ausgeklügelte finale Anreise zum Parkplatz ausgetüftelt werden. Hier kam somit nur ein letzter Flug, eher gesagt ein „Hüpfer" unter Zuhilfenahme eines geeigneten Krans in Frage.

Bei der Ausschreibung für besagten „Hüpfer" wusste jedenfalls das Kranverleihunternehmen Riga aus Mainz zu überzeugen, sodass man nach einer halbjährigen Planungsphase und Anfertigung eines komplizierten Anschlag-Prozedere den Hub für den Herbst 2015 einplante. Nach vorheriger Anfertigung von drei tragfähigen Betonfundamenten mit aufgebrachten speziellen Fahrwerksaufnahmen auf besagtem Parkplatz, reiste das Riga-Team gut eine Woche vor der für einen Samstag geplanten Hebeaktion mit umfangreichem Krangefolge an. Für den Hub hatte man den großen Raupenkran vom Typ Liebherr LR 1600/2 nach Köln verbracht. Damit dieser auf sicherem Grund arbeiten bzw. verfahren werden

Für den Kranriesen hatte man zuvor eine eigene „Rollbahn", bestehend aus Schotter und Baggermatratzen, präpariert

Auf der gegenüberliegenden Seite des Flughafen-Terminals hatte derweil ein ungewöhnlich lackierter Airbus die Startposition für seine letzte Reise eingenommen. Der mutmaßliche „Ferienflieger" war für den normalen Flugpassagier jedoch so gar keiner der bekannten oder weniger bekannten Fluggesellschaften zuzuordnen

Für die Aufbauarbeiten der Kranraupe hatte man seitens Riga Mainz rund eine Woche in Anspruch genommen und dies bei bester Wetterlage. Die LR 1600/2 wurde in der Ausführung SL2DB mit 66 m Hauptausleger (schwer/leicht) und 36 m langem Derrick-Ausleger montiert

Die einschränkenden bzw. warnenden Verkehrszeichen trafen weder für die Liebherr-Raupe noch für die bevorstehende Wetterlage zu. Unmittelbar neben dem Aufstellplatz ist das leicht erhöht liegende Rollfeld des Flughafens zu erkennen

Als Rüstkran stand dem LR 1600/2 ein ebenfalls aus dem Hause Liebherr stammender LTM 1200-5.1 zur Seite. Mit diesem galt es nach abgeschlossener Raupenkran-Montage noch ein wenig Derrickballast zu platzieren bzw. Ballastklötze (je 10 t) zur späteren Auflastung zu verteilen

Diese glücklichen Ferienflieger wunderten sich vor ihrem Urlaubsflug über so viel Kranaufkommen

Den Ausleger relativ flachgelegt, war man einen Tag vor dem für einen Samstag geplanten Großkraneinsatz nur noch mit dem Verteilen von Ballastklötzen beschäftigt. Die einschwebenden Flieger sahen aus der Ferne betrachtet (Hintergrund) gar nicht so groß aus; die Perspektive täuschte allerdings ein wenig

konnte, hatte man zunächst zahlreiche „Baggermatratzen“ auf Schotterbettung für die Raupenfahrwerke und die erforderlichen rund 20 m Fahrweg zu verlegen. Hiernach konnte man sich an den Aufbau des Krans machen. Dieser wurde in der Ausführung SLDB mit einem 66 m langen Hauptausleger sowie

Weithin sichtbar war für jedermann erkennbar, wer hier seinen Ausleger in die Höhe reckte. Den 200-t-Lasthaken hatte man zehnfach eingeschert

Derrickausleger aufgerüstet. Neben den 65 t Ballast am Raupenunterwagen war der 1600er noch mit 150 t Oberwagenballast versehen worden. Hinzu kamen weitere 180 t Gewicht auf der Derrick-Traverse, die allerdings im Laufe der Hubaktion auf 140 t reduziert werden sollten.

Um den rund 82 t schweren Airbus auf seinen letzten Flug auf Höhe zu bringen, waren auch am Flieger selbst einige Vorbereitungen zu treffen. So konnte der A300 aufgrund seiner Konstruktion lediglich mittels Hebebändern an einer bestimmten Stelle am Bug sowie in Höhe des besonders stabilen Hauptfahrwerksbereichs angeschlagen werden. Um die beiden Fahrwerkskonstruktionen als Anschlagpunkt erreichbar zu machen, hatte man vorab entsprechende Öffnungen in die Tragflächen einzubringen. Mittels dreier speziell angefertigter Traversen, einem eingebrachten und unter Last verstellbaren elektrischen Kettenzug zur Neigungsanpassung sowie den angesprochenen Chemiefaserhebebändern samt Spreizen und Schäkeln konnte der letzte Flug des Jets auch ohne Cockpit-Crew beherrschbar gemacht werden. Die Anbringung besagter Anschlagmittel mit einem

Mit dem 200-t-Begleitkran war einen Tag vor der Hubaktion noch der eine oder andere Ballastklotz zu bewegen

Insgesamt wurden 180 t Derrickballast für den bevorstehenden Job benötigt

Nun war halbwegs zu erahnen, dass der Raupenkran für einen besonderen Hub angereist war. Den schon seit Monaten am Flughafen geparkten Zero-G-Flieger hatte man zwischenzeitlich so nah wie möglich an die Riga-Raupe manövriert

Um die umfangreichen Anschlagmittel, unter anderem bestehend aus diversen Traversen und Hebebändern, am Kran anzubringen, wurde die Derrick-Konsole noch nicht benötigt

Am Raupenunterwagen waren beidseitig insgesamt 65 t Ballast anzubringen, wohingegen am Oberwagen 150 t inklusive der benötigten Konsolen für die erforderliche Standsicherheit sorgten

Am Nachmittag vor dem letzten Flug des Airbus hatte man sämtliche Vorbereitungen bei immer noch vorherrschendem Sommerwetter abgeschlossen

Eigengewicht von immerhin 19 t nahm alleine rund dreieinhalb Stunden in Anspruch. Währenddessen – der Ausleger lag relativ flach Richtung Last – wurde der Derrickballast per Hilfskran auf das erforderliche Aufnahmegewicht gebracht.

Pünktlich um 12 Uhr am Samstagmittag, alle geladenen Gäste hatten die eigens geschaffene Aussichtsbühne in Gestalt eines Sattelaufliegers eingenommen, begann der Flieger ein letztes Mal den Bodenkontakt mit seinen Pneus zu verlieren. Ganz behutsam brachte der Pilot, nein diesmal war es wohl der Kranführer, den A300 auf eine Reiseflughöhe von gut 10 m (über Rollfeld). Dies langte dann verständlicherweise auch nicht mehr für einen letzten Parabelflug, sodass man sich zu einem eher ruhigen und zudem gemächlichen Rundflug in die Lüfte schwang.

Nach dem erfolgreichen Lift-Off wurde zunächst der Kranausleger langsam steiler gestellt, sodass sich die sperrige Last diesem bedenklich näherte. Dieses Manöver nahm gut eine dreiviertel Stunde in Anspruch und wurde von gleichzeitigem Verringern des Derrickballastes begleitet. Mittels am Bug angebrachter Ausgleichsleinen, die man zuvor an auf dem Rollfeld fahrenden Teleskopstaplern befestigt hatte, konnte man ein unkontrolliertes Schwenken (Windeinfluss) des Flugzeughecks Richtung Kranausleger erfolgreich verhindern.

Einmal steil gestellt, setzte die Raupe etwa 20 m zurück, um anschließend den Airbus behutsam um 180 Grad in Richtung Fundament zu schwenken. Nach rund eindreiviertel Stunde „Rentenflug" und abschließendem Touchdown zumindest des Fahrwerkgestells – die Fahrwerksreifen haben während der bevorstehenden Museumsphase keinen Bodenkontakt – hatte der Parabelflieger seinen letzten Stellplatz erreicht.

Zukünftig werden sich interessierte Besucher in dem vielgereisten Wissenschaftsmuseum zumindest einen kleinen Eindruck von der Parabel-Fliegerei verschaffen können, auch wenn sie hierbei wohl keine der früher vielgefragten „Papiertüten" mehr füllen werden…

Das ausgeklügelte „Traversen-Mobile" mitsamt eingebrachtem Elektro-Kettenzug, der ausnahmsweise einmal für eine horizontale Fluglage des Zero-G-Fliegers sorgen sollte, war bereit zur Lastaufnahme

Die Traversen-Komposition aus der Nähe betrachtet

Die abzweigende Rollbahn für die LR 1600/2 wurde bis dato nicht genutzt. Diese sollte allerdings beim späteren Abrüsten des Krans noch ihren Zweck erfüllen

Diesen noch recht neuen „Sternenträger", einen Actros 1842, hatte man aus Mainz mitgebracht

Am Samstagmorgen gegen 8 Uhr hatten die unmittelbaren Vorbereitungen für den bevorstehenden Hub begonnen. Hierzu zählte natürlich auch das präzise Anschlagen der knapp 82 t schweren Last

Der Himmel hatte sich allerdings für das anstehende Spektakel nicht von seiner besten Seite gezeigt. Bedrohliche Regenwolken blieben jedoch zum Glück weit genug entfernt vom Flughafen...

Die möglichen Anschlagstellen für die empfindliche Last waren durch die Flugzeugkonstruktion fest vorgegeben. Im vorderen Rumpfbereich ruhte der Flieger in drei kräftigen Hebebändern. In Höhe der Tragflächen kam man nicht umhin, sich an die stabilen Fahrwerkskonstruktionen anzuhängen. Hier war es dann erforderlich, ausreichend stabile Anschlagpunkte durch Entfernung von Tragflächenteilen erreichbar zu machen

Am Flieger wurde im Bugbereich noch kräftig angeschlagen, derweil hatte man am Kranheck den Derrick-Ballast für die erforderliche Ausladung beim Anheben noch zu erhöhen. Wie zu ersehen ist, stellte das Seitenleitwerk des Airbus eine gewisse Gefahr für den Kranausleger dar. Ungewollten Drehbewegungen aufgrund großer Windangriffsfläche wurde mit entsprechenden Sicherungsseilen an der Flugzeugfront entgegengearbeitet. Für die nötigen Zugkräfte sorgten hierbei zwei angeseilte Frontlader

Mit dem eigentlichen „Take Off", geplant für genau 12 Uhr, musste vom Kranteam erst noch eine Weile gewartet werden. Geladene Gäste und die zahlreichen Medienvertreter waren zur frühen Morgenstunde noch nicht vollzählig eingetroffen …

Die Haupttraverse hatte man mit Hilfe des besagten Elektrokettenzuges in die Horizontale gebracht, der betagte A300 konnte so auch ohne Cockpit-Besatzung in einer stabilen Fluglage gehalten werden

Durch vorsichtiges Steilstellen des Kranauslegers kam der Airbus langsam auf seine Reiseflughöhe von knapp 10 m über Grund. Derweil hatte man den Derrickballast entsprechend zu verringern

Für Flughafenbesucher stellte sich der Tiefflieger-Einsatz von der Abflug-Terminal-Ebene so dar. Einige dutzend Fotografen konnten die günstige Terminal-Lage für ihre Dokumentation gleichfalls nutzen

Die inklusive Anschlagmitteln rund 100 t schwere Last schwebte langsam über dem Parkplatz Nord ein

In Höhe der tragenden Fahrwerkskonstruktion hatte man im Vorfeld einige Öffnungen in die Tragflächen eingebracht

Bei steilgestelltem Ausleger reichte der auf 140 t reduzierte Derrick-Ballast für den erforderlichen Schwenkvorgang von etwa 180 Grad

Von dem obersten Parkdeck des Parkhauses 3 konnte das Einschweben des Fliegers gleichfalls gut beobachtet werden

Bei sommerlichen Temperaturen, jedoch bedecktem Himmel, verfolgten einige hundert Zuschauer den letzten Flug der Zero-G, der knapp 100 Minuten dauerte

 A300 Zero-G bei ihrem letzten Flug

Recht gelassen konnte man seitens des Riga-Teams die erfolgreich abgeschlossene Aktion beobachten

Gegen 13:45 Uhr war der Flieger planmäßig gelandet; auf der Ankunftstafel im Flughafen dürfte dies jedoch nicht bekannt gemacht worden sein

Letztes Ausrichten der historischen Last zum korrekten Andocken auf den speziellen Fundamenten. Der dauerhafte Bodenkontakt für die nächsten Jahre oder gar Jahrzehnte war somit gesichert

Nach einem freien Sonntag für das Riga-Team hatte man die LR 1600/2 auf die präparierte Parallel-Rollbahn gefahren. Diese wurde benötigt, damit der Ausleger neben der linken Tragfläche des Fliegers abgelegt und demontiert werden konnte

DB Actros 1842 mit Derrick-Anlenkung und Winde 3 in Transportstellung

Der 1844er mit dem speziellen Sattelauflieger für die Oberwagen-Ballastkonsolen und einer der 7,5 t schweren Winden stammte noch aus einer älteren Actros-Generation

Die vierköpfige Airbus-Crew vom Überführungsflug von Bordeaux nach Köln (5. November 2014) hatte sich auf der Bugfahrwerks-Klappe verewigt

Eines der Hauptfahrwerke mit der sonst eher unüblichen Durchsicht durch die Tragfläche

Die Demontage des Oberwagens erfolgte drei Tage nach dem Hub wieder bei bester Wetterlage

Die Rollendrehverbindung ist für die schnelle De- bzw. Remontage mit dem Quick-Connection-System ausgestattet. Raupenmittelteil und Drehbühne können so innerhalb kurzer Zeit in „handliche“ Transporteinheiten zerlegt werden

RIGA MAINZ
RIGA MAINZ

Verladung der 50-t-Drehbühne auf den sechsachsigen Goldhofer-Auflieger

Verladung der 50-t-Drehbühne auf den sechsachsigen Goldhofer-Auflieger

F-BUAD
RIGA MAINZ

RIGA MAINZ
Tel. 06131-96296-0
RIGA MAINZ
www.Riga-Mainz.de

Der DB 2860 Actros mit seiner fest verspannten Last steht abfahrbereit neben dem Zero-G-Flieger

Actros alt und neu gehören zur Transportflotte der LR 1600/2

Michael Müller

Spiegl Seiltransport in das Königreich des Schnees

Drahtseile für die Eisgratbahn

An einem Freitagmorgen, Punkt sechs Uhr im Oktober 2015, werden auf dem Baustellenparkplatz unweit der Talstation der Stubaier Gletscherbahn die Motoren der Spiegl Spezialtransport-Maschinen gestartet. Einen Tag zuvor hatte man schon die Tiefladerkombination verkürzt und das Dolly ausgebaut, mit dem das Drahtseil vom Hersteller Teufelsberger in Wels zum Parkplatz gefahren werden sollte.

Das 52 Tonnen schwere Drahtseil ist sicher auf dem Fahrzeug verspannt. Dieses ist auch vonnöten, denn heute werden die letzten zehn Kilometer der Reise bis zum Einsatzort zurückgelegt. Es ist das vierte und letzte Seil, das auf den Berg gebracht werden muss. Warum und wofür?

Hier ensteht in zweijähriger Bauzeit eine neue 3S Umlaufseilbahn. Sie trägt den Namen Eisgratbahn und wird nach der Fertigstellung zum Herbst 2016 die alte Bahn ersetzen.

Die Eisgratbahn ist in zwei Sektionen aufgeteilt, die erste beginnt an der Talstation bei 1697 Meter Seehöhe und führt bis zur Mittelstation auf 2291 Meter. Von hier geht es dann mit der zweiten Sektion hinauf zur Bergstation auf 2885 Meter. Die erste Sektion weist eine horizontale Länge von 2353 Metern und die zweite eine solche von 2163 Metern auf. Pro Sektion werden vier Seillängen benötigt. Nach erfolgter Inbetriebnahme werden an der Sektion eins 25 und an der Sektion zwei 24 Kabinen hängen. In einer Kabine können bis zu 32 Personen befördert werden. Der Vorteil dieser 3S Bahnen ist, dass sie auch bei windigem Wetter sicher betrieben werden können.

Der Motor des SIVI Iveco Trakker mit 600 PS wird gestartet

Der Seiltransport, den ich an diesem Tag begleiten durfte, ist das vierte und letzte Seil der zweiten Sektion. Seile werden in der Regel immer von der jeweiligen Talstation zur Bergstation eingezogen. Also müssen die Seile hinauf auf den Berg. Alle Seile sollten möglichst vor dem Wintereinbruch hinaufgefahren werden, damit schon im März, wenn die Straße noch gar nicht frei ist, mit dem Seilzug begonnen werden kann. Die Seile werden auf der Baustelle den Winter über eingehaust.

Hochgebirgsbaustellen verlangen das Äußerste von Mensch und Maschine, einmal wegen der dünnen Höhenluft, zum anderen wegen der ständig wechselnden Wetterverhältnisse.

Nach einem nochmaligen kurzen Check der Fahrzeuge wird die Schubmaschine, ein Iveco 8x8 an dem Auflieger mittels Schubstange angehangen. Langsam setzt sich der Transport in Bewegung und die letzten Meter asphaltierter Straße werden an der Talstation genommen. Der darauf beginnende Schotterweg wartet gleich mit der ersten Kehre auf, welcher zugleich eine weitere Spitzkehre folgt. Der Aufstieg hat begonnen. Ab hier folgen Steigungen bis zu 40 % mit ebenso steilem Gefälle, und das auf losem Schotter und ohne jegliche Leitplanke. Schließlich wird auch die dritte Maschine mittels Seil im Vorspann angehängt. Es gilt, ein gesamtes Zuggewicht von über 120 Tonnen sicher bergauf zu ziehen. Dabei muss der Zug immer im Rollen bleiben, gerade Strecken zum Pausieren gibt es wenige. Die Straße, oder besser der Weg, führt natürlich nicht geradlinig zur Mittelstation sondern windet sich Kehre um Kehre über Berg und Seitental sowie den hoch über der Mittelstation gelegenen Berggipfel. Von hier geht es in einer steilen Gefällstrecke bis zur Abladestelle. Ungefähr drei Stunden benötigt man für den Aufstieg bei einem imposanten Panorama, dem die Fahrer aber nicht eine Sekunde Aufmerksamkeit schenken können bei dieser nicht ungefährlichen Strecke.

Man ist natürlich nicht alleine auf dem Weg unterwegs. Für die riesigen Fundamente werden unermüdlich Mengen von Beton zur Baustelle gefahren. Normale Betonmischer laden an der Talstation die Fracht in allradgetriebene 6 x 6 Mischer um. Diese drängeln sich an den passenden Stellen am Transport vorbei. An einigen Stellen sind hier eigens Begegnungsstellen eingerichtet, wo der eine LKW dann den Weg seitlich verlässt, um danach wieder zurückzustoßen und weiterzufahren. Auf der Strecke ist das ansonsten nicht möglich.

Nach kurzer Pause, dem Passierenlassen des Mischers und dem Rückwärtsfahren einiger Meter erfolgt der steile Abstieg zur Mittelstation. Die Schubmaschine wird als Bremswagen eingesetzt. Was das bedeutet, das wurde mir bei der Vorbeifahrt bewusst, wo fast stehende Reifen die Kräfte kaum bändigen konnten. Der MAN war bereits voraus gefahren, um sich am Endladeplatz zu "entfalten". Dort stand schon der Liebherrkran LTM 1045/1 der Firma Prangl, der ebenfalls beim Abladen mit eingesetzt wurde.

Leichtsinniger Weise hatte ich am Gipfel, wo ich zum Fotografieren ausgestiegen war, gesagt, ich käme den letzten Kilometer Zufuß zurück. O weh, so ein steiler Abstieg kann ganz schön anstrengend sein.

Mein herzlichen Dank geht an die Firma Spiegl, die mir dieses tolle Erlebnis überhaupt ermöglicht hat, und an meinen Bergfahrer Oliver Thum, der mich sicher rauf- und runtergebracht hat.

Auch der Iveco 8 x 8 Ladekranwagen mit 500 PS läuft sich warm

Die Betonmischer sind schon fleißig am Umladen. Von vierachsigen LKW wird auf dreiachsige Allradfahrzeuge umgefüllt

Langsam geht es los, vorbei an der Talstation

Die erste Kehre. Der MAN Kranwagen wird hier noch nicht gebraucht und fährt langsam voraus

Der Zug erreicht die erste Kehre. Genaues Augenmaß ist hier unabdingbar, damit der Zug ohne Komplikationen herumkommt

Die erste Kehre ist geschafft! Jetzt hat man sich warm gefahren

Hier wird die extreme Steigung sichtbar

Hier ist schon voller Einsatz des Materials gefragt

Um die enge Kurve nehmen zu können, muss die Schubmaschine kurz abgehangen werden. Nach gelungener Aktion wird alles wieder angekuppelt. Jetzt kommt auch die MAN Zugmaschine mit einem Seil als Vorspann dazu

Es staubt ganz schön ...

Wie ein Lindwurm schlängelt sich der Zug mit stoischer österreichischer Ruhe den Schotterweg hoch

Die geraden bzw. relativ ebenen Fahrabschnitte sind die Ausnahme

SPIEGL
Teufelberger

SPIEGL
spiegl
SPEZIALTRANSPORTE
IVECO
SPEZIALTRANSPORTE

Ein herrlicher Ausblick ...

Hier sieht man schön, wie schmal der zu befahrende Weg ist

Man nähert sich dem ersten Zwischenhalt. Der hinten drängelnde Betonmischer kann dann endlich überholen

Weiter geht's bergan, erste Schneereste tauchen auf. Wieviel Prozent Steigung sind hier wohl? Jetzt nichts durchdrehen lassen ...

Aber auch das wäre erfolgreich gemeistert. Und schon ist die nächste Kurve zu nehmen ...

Die Schwierigkeit ist, dass alle Fahrzeuge dieselbe Geschwindigkeit fahren müssen und eben kein Rad die Haftung verlieren darf. Immerhin sind hier mehr als 120 t unterwegs

Es ist immer schwierig, die eigentlich extreme Steigung fotografisch festzuhalten. Hier kann man es erahnen

Da der MAN eine andere Fahrzeuglänge hat und somit einen anderen Kurvenradius, kann man nur eine Seilverbindung zwischen den ersten beiden Fahrzeugen zum Einsatz bringen

Je höher wir kommen, desto mehr Schnee liegt noch. Um den Transport nicht zu erschweren, wird frühzeitig weitergefahren

Vorbei geht es an der Murmelebahn, inzwischen bereits auf 2607 Meter Seehöhe

Es folgt eine Kehre am Speichersee. Diese ist so spitz, dass man hier nicht herumkommt, ohne vor- und zurückzumanövrieren. Gleichwohl ist sie so ausgebaut, dass man in der Kurve ein Stück gerade fahren kann, um sie dann rückwärts verlassen zu können. Die im Foto sichtbare Ausweichstelle ermöglicht es dem Betonmischer, zu warten bis der Transportzug vorbeigefahren ist

Ein paar hundert Meter geht's nun rückwärts

Herr Spiegl als Nachlenker hat alles im Griff. Besonders gut ist hier zu erkennen, wie sorgfältig und mehrfach gesichert das Drahtseil von der Firma Teufelsberger in Wels ist. Das ist bei den Steigungen und den Unebenheiten der Transportwege auch unverzichtbar

Hier ist genügend Platz zum Wenden

Nach einem kurzen Anstieg kommt man an das Stück mit dem steilsten Gefälle. Die gelbe Schneekanone wird natürlich umfahren

Das fast beängstigende Knacken und Spritzen der Schottersteine ist im Foto leider nicht erkennbar ...

Nun fungiert der SIVI Kranwagen als Bremswagen

Hier starte ich meinen Abstieg ...

Der neue Tragmast, auch Stütze genannt, ist schon fertig. In der Ferne ist das Ziel zu erkennen

Der MAN beim Aufbau seiner Kranstützen. Zu den drei anderen Seilen wird gleich das vierte und letzte Seil entladen

Hier ist der Liebherrkran LTM 1045/1 der Firma Prangl schon aufgebaut

Und ruck zuck sind die 52 t angeschlagen …

... und sicher abgesetzt

Die Krane rüsten wieder ab

Die Zugmaschine steht rückfahrbereit

Gruppenbild mit Kran nach erfolgreich ausgeführter Aktion

Hier sieht man noch einmal die Gefällstrecke. Alle Fahrzeuge fahren nun denselben Weg in umgekehrter Richtung zurück

Los geht's

Michael Müller

Umsetzen von Krankomponenten der LR 11000

Firma Hartinger im Paderborner Land

An einem Sonntagmorgen, bei eisigem Wind im Paderborner Land wird der Großkran der Firma Hartinger an einen weiteren Einsatzort verfahren. Hochprofessionell wird der Kran zügig zerlegt. Als erstes werden die Raupenschiffe mittels einer kleineren Raupe, einer LTR 1220, beiseite gehoben und dort erst einmal zwischengelagert. Dann erfolgt das Herunterfahren des A-Bocks. Ein Teil der Mannschaft bereitet schon das Lösen der vier Verbindungsbolzen vor, die das Oberteil mit dem Unterteil verbindet. Schon hängt der Oberwagen am kleineren Raupenkran und wird auf den bereitstehenden MAN 41.680 mit Goldhofer-Kombination verladen. Nachdem der Transport sich in Bewegung gesetzt hat, erfolgt gleich das Verladen des zweiten Teils auf die Arocs-Zugmaschine mit Semitieflader. Dann wird zu einem Sammelplatz gefahren, wo in umgekehrter Weise alles wieder zusammengesetzt wird. Abseits von öffentlichen Straßen auf den Privatwegen kann auch mit ein wenig mehr Achslastgewichten verfahren werden, solange diese Strecken das so hergeben.

Während das Kettenschiff im Hintergrund zur Seite schwebt, wartet die MAN-Zugmaschine schon auf den Beladevorgang

Das Fahrwerk wird mit der LTR 1220 abgelassen

Der A-Bock wird runtergefahren. Die Seile müssen auf Spannung bleiben. Das wird durch die Hydraulikzylinder gewährleistet

Der Goldhofer-Tieflader

Eine weitere MAN-Zugmaschine ist mit dem Umfahren von Gewichten beschäftigt

Der Oberwagen der Liebherr LR 11000 kommt „angeflogen"…

…und ist schnell verladen und verzurrt

Auf geht's zum Sammelplatz. Das Abbauen der Geländer hat man sich gespart, es kommt ja eh kein Gegenverkehr auf dem schmalen Weg. Der Fahrer muss nur die seitlichen Bäume im Blick haben

Dabei ist auch eine Kurve mit darauffolgendem Anstieg zu bewältigen

Aber kein Problem für die MAN

Auch der Arocs hat das Unterteil schon geladen und macht sich auf den Weg

Auch für ihn ist der Anstieg kein Problem

Gemeinsam wartet man nun auf den Raupenkran, der erst noch die Kettenschiffe verlädt, um den Kran unweit des Laderplatzes wieder aufzubauen

Erich Urweider

504 Tonnen schlängeln sich nach Obfelden

Die beeindruckenden Abmessungen des Schwertransportes, der Mitte Juni 2015 vom Auhafen nach Obfelden im Kanton Zürich gefahren ist: 82 m lang, 3,70 m breit und 4,65 m hoch. Transportiert wurde ein Transformator, der von ABB in der Nähe von Köln hergestellt wurde. Der Transformator wiegt alleine 267,5 Tonnen und ist so konstruiert, dass er in die Tragschnäbel der Firma Friderici spécial eingehängt werden kann. So kann die Last auf die 22 Achsen des Aufliegers verteilt werden. In der ersten Nacht ging es vom Auhafen via Augst, Möhlin, Leibstadt, Döttingen bis nach Gebenstorf, wo am Tag Pause gemacht wurde. Um den Schwertransport in Bewegung zu versetzen, waren drei Zugmaschinen vom Typ Mercedes-Benz Actros MPII 4160 mit V8-Motor und je rund 600 PS nötig. Diese wurden je nach Anforderung anders gekoppelt, mal schoben zwei Maschinen und vorne zog eine Sattelzugmaschine, dann wurde wieder vorne zu zweit gezogen und nur eine Maschine schob hinten. Der Transport kam für seine Größe doch einigermaßen zügig vorwärts, so dass kurz nach Mitternacht in Döttingen eine Lenkpause eingelegt werden konnte. Frisch gestärkt ging es weiter in Richtung Baden und bis Gebenstorf. Den ganzen Tag stand der Transport dann auf dem Parkplatz vom Restaurant „rotes Haus" bis es am Abend wieder weiter ging. Die Route führte via Sommerhalde und über den „Hühnersteig". Beim Restaurant Sommerhalde musste im 90° Winkel abgebogen werden, was seine Zeit dauerte und nur dank gesperrtem Parkplatz und zusätzlich ausgelegten Stahl- und Kunststoffplatten möglich war. Trotz Vorbereitungen für den Transport war die Kurve erst nach rund eineinhalb Stunden durchfahren. Nachdem nun zwei Zugmaschinen vorne angehängt waren und eine am Heck verblieb, ging es weiter in Richtung Hühnersteig. Der Hühnersteig verbindet Baden-Dättwil mit

Abfahrbereit steht die Transportkombination im Auhafen bereit. Hier kommt es zu einer Begegnung mit einem Zug, der neben dem Transformator fast wie ein Spielzeug aussieht

Für die erste Teilstrecke sind zwei Schubmaschinen vorgesehen. Dies wird sich während des Transports noch mehrmals ändern

Schon in der ersten Kurve wird der maximal mögliche Platz ausgenutzt um die Kurve zu kriegen

Gebenstorf und hat etwa 20 Prozent Steigung. Das ist mit über 500 Tonnen eine echte Herausforderung, vor allem für den Fahrer der Schubmaschine, der absolut exakt der Schubstange nach fahren muss, damit die Kraft auch am Anhänger ankommt. Mitten in der Steigung ging dann allerdings nichts mehr, die drei Zugmaschinen blieben stehen. Eine vierte musste her, welche nach rund einer Stunde verfügbar war und dann gemeinsam mit den drei bereits ziehenden und schiebenden Lastwagen den nun rund 540 Tonnen schweren Transport über die Anhöhe brachte. Von da an lief es dann wieder einigermaßen zügig via Künten nach Bremgarten und von dort bis Obfelden, wo der Transformator kurz nach vier Uhr morgens ankam.

Der Transformator ist Teil der Optimierung der Stromversorgung der Stadt Zürich, die auch einige bauliche Maßnahmen an den Unterwerken Obfelden und Thalwil beinhaltet. Denn die Netzspannung soll an diesen Leitungen von den bestehenden 150 kV auf die heute üblichen 220 kV (kiloVolt) angehoben werden. Dafür ist auch dieser neue Transformator nötig, da das Übersetzungsverhältnis eines Transformators nicht unbegrenzt veränderbar ist und ein auf 150 kV ausgelegter Trafo nicht mit 220 kV betrieben werden kann, da sonst auf der einen Seite eine zu hohe Spannung herauskommt. Das würde das Stromnetz zusätzlich belasten und könnte auch zu Stromausfällen und Leitungsabschaltungen führen.

Selbst die eigentliche Hafenausfahrt mit dem Doppelkreisel wirkt bei solchen Transportabmessungen klein

Etwas weiter, in Augst, stellt sich die Frage, ob auch richtig gemessen wurde und der Transformator unter der Bahnunterführung durchpassen wird

Nicht nur Oben, auch Unten ist es äußerst knapp

An den Achsen ist der Straßenverlauf gut zu erkennen

Bei Rheinfelden geht es über die Zollbrücke, die nur im Schritttempo und in der Fahrbahnmitte befahren werden darf

Relativ knapp geht es über die Kreisverkehrsfläche, die befahrbar angelegt wurde

Der Transport rollt auf den Kreisverkehr bei Riburg zu

Auf der „falschen“ Seite wird der Kreisverkehr durchquert auch dieser ist relativ großzügig ausgelegt worden

Am Rhein bei Etzgen wird eine weitere Eisenbahnbrücke unterquert

Anschließend bleibt der Transport wegen der Arbeis- und Ruhezeiten etwa 15 Minuten stehen

Es geht weiter, hier ist nur noch eine Schubmaschine am Schieben

Auf den Kreisverkehr von Döttingen zu kommt der Transport wieder mit einer Zugmaschine und zwei Schubmaschinen

Der Platz muss so gut es geht ausgenutzt werden, schließlich schwenkt die Ladung ordentlich durch

Die Parkplätze vom angrenzenden Restaurant wurden vorgängig gesperrt, damit die Zugmaschine genügend Platz hat

Nachdem die Restauranttafel umschifft wurde, geht es auf dem Trottoir weiter, damit abgebogen werden kann

Die Ladung ist bald zum Kreisverkehr raus, doch die hinteren Achsen und die beiden Schubmaschinen müssen noch durch. Währenddessen wird der Spurteiler wieder normalisiert

Nach einer etwas längeren Lenkpause ist der Transport in Würenlingen wieder anzutreffen. Hier gilt es einen Kreisverkehr, der von einer Fußgängerbrücke gequert wird, zu meistern

Den folgenden Tag verbrachte der Transformator auf dem Parkplatz vom Restaurant rotes Haus. So ein großes Ding zieht unweigerlich Schaulustige an, die alles ganz genau sehen wollen

Kurz vor der Abbiegung bei der Sommerhalde präsentiert sich der Schwertransport nochmals in voller Pracht

Auf der Beifahrerseite beschränkt der Hydrant die Platzmöglichkeiten des Sondertransports

Etwas sägen ist möglich, allerdings muss dafür jedes Mal die Verkehrsinsel überfahren werden. Man sieht den hydraulischen Ausgleich dafür schön arbeiten

Gleich ist es geschafft. Die Abbiegung hat nun über eine Stunde und etwas Improvisationstalent benötigt

Der Hühnersteig steigt, wie sein Name schon sagt, an, und zwar um knapp 20 Prozent, was die zudem mit Kurven gespickte Strecke nicht unbedingt einfacher macht

Weitere Bücher unseres Verlages

Fordern Sie unser Gesamtverzeichnis an mit Büchern über **Autos**, **Motorräder**, **Lastwagen**, **Schwertransporte**, **Autokrane**,**Traktoren**, **Forstfahrzeuge**, **Baumaschinen**, **Feuerwehrfahrzeuge** und **Lokomotiven**:

Verlag Podszun Motorbücher GmbH
Elisabethstraße 23-25, 59929 Brilon
Telefon 02961-53213, Fax 02961-9639900
Email info@podszun-verlag.de
www.podszun-verlag.de

Die Autoren zeigen neue, hochinteressante Fahrzeuge bei ihren Einsätzen.

166 Seiten, 410 Abbildungen
28 x 21 cm, fester Einband
Bestellnummer **789** EUR **29,90**

Fortsetzungsband mit hunderten neuen großen Ladekranfahrzeugen aus ganz Deutschland.

170 Seiten, 440 Abbildungen
28 x 21 cm, fester Einband
Bestellnummer **828** EUR **29,90**

Der Autor hat die Magirus-Kranwagen aufgespürt und deren Lebensläufe lückenlos dokumentiert.

340 Seiten, 950 Abbildungen
28 x 21 cm, fester Einband
Bestellnummer **829** EUR **49,90**

Erstklassige Fotografie: Berufs- und Flughafenfeuerwehr, Werk- und Freiwillige Feuerwehren.

320 Seiten, 950 Abbildungen
28 x 21 cm, fester Einband
Bestellnummer **827** EUR **49,90**

Fluggesellschaften von A-Z mit ihren Typen vom Propeller- über Turboprop bis zum Düsenantrieb.

174 Seiten, 390 Abbildungen
28 x 21 cm, fester Einband
Bestellnummer **824** EUR **29,90**

Der Autor zeigt und erklärt die unterschiedlichen ELW, vom Pkw bis zum Sattelschlepper.

180 Seiten, 460 Abbildungen
28 x 21 cm, fester Einband
Bestellnummer **772** EUR **29,90**

Sie sind auf Baustellen zu Hause und überall dort, wo schwere Güter transportiert oder gehoben werden.

144 Seiten, 310 Abbildungen
28 x 21 cm, fester Einband
Bestellnummer **770** EUR **24,90**

Die Geschichte der MAN Omnibusse und kompletter Chronik aller Omnibusbaureihen.

340 Seiten, 1.200 Abbildungen
28 x 21 cm, fester Einband
Bestellnummer **786** EUR **49,90**

Autokrane und Schwertransporte im Einsatz aus der Zeit der Rollfilmfotografie

160 Seiten, 480 Abbildungen
28 x 21 cm, fester Einband
Bestellnummer **831** EUR **29,90**

Muldenkipper, Tieflader, Ladekranfahrzeuge, Geräteträger, Spezialfahrzeuge beim Bau.

260 Seiten, 600 Abbildungen
28 x 21 cm, fester Einband
Bestellnummer **826** EUR **39,90**

Kurzgefasste Geschichte von Kahl und Schwerlasttransporte der 1980er und 1990er Jahre.

144 Seiten, 290 Abbildungen
24 x 17 cm, Leinenbroschur
Bestellnummer **692** EUR **14,90**

Faszinierende Schwertransporte von Scholpp in den 1980er und 1990er Jahren.

144 Seiten, 285 Abbildungen
24 x 17 cm, Leinenbroschur
Bestellnummer **712** EUR **14,90**

Spektakuläre Schwertransporte aus den 1980er und 1990er Jahren und die interessantesen Fahrzeuge.

144 Seiten, 270 Abbildungen
24 x 17 cm, Leinenbroschur
Bestellnummer **581** EUR **14,90**

Die Pieper-Geschichte und spannende Schwertransporte aus den 1980er und 1990er Jahren.

144 Seiten, 285 Abbildungen
24 x 17 cm, Leinenbroschur
Bestellnummer **615** EUR **14,90**

Auch im zweiten und dritten Band werden Gottwald Krane der Reihen MK, AK, AMK bei Tests, auf Messen, bei Vorführungen und spektakulären Einsätzen gezeigt und kenntnisreich kommentiert. Mit vielen bisher unveröffentlichten Abbildungen.

160 Seiten, 420 Abbildungen
28 x 21 cm, fester Einband
978-3-86133-811-6 EUR 29,90

160 Seiten, 440 Abbildungen
28 x 21 cm, fester Einband
978-3-86133-812-3 EUR 29,90

Im ersten Band werden die Krane vom AUK 40 bis zum LG 1150 präsentiert, gebaut von Anfang der 1950er bis Mitte der 1990er Jahre.

128 Seiten, 320 Abbildungen
28 x 21 cm, fester Einband
978-3-86133-810-9 EUR 24,90

Im zweiten Band geht es um die Krane vom LG 1180 bis zum LG 1650, gebaut von Anfang der 1970er bis Mitte der 1990er Jahre.

136 Seiten, 330 Abbildungen
28 x 21 cm, fester Einband
978-3-86133-813-0 EUR 24,90

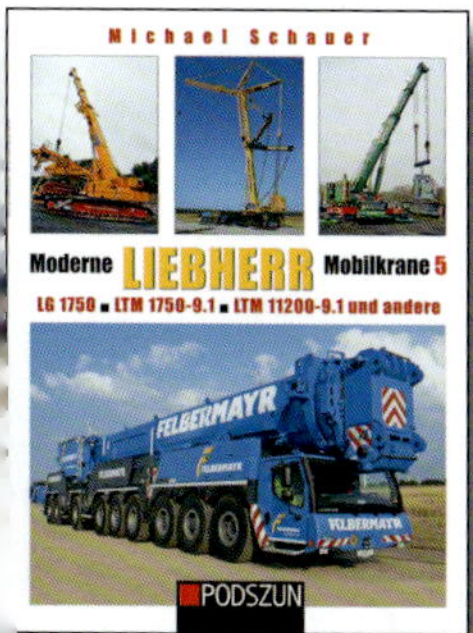

Fotografien des Autors von Liebherr Großkranen wie LG 1750, LTM 1750-9.1, LTM 11200-9.1.

166 Seiten, 410 Abbildungen
28 x 21 cm, fester Einband
Bestellnummer **787** EUR **29,90**

Die Geschichte der Firma und außergewöhnliche Transporte mit einer Vielzahl Einsatzfotos.

174 Seiten, 4300 Abbildungen
28 x 21 cm, fester Einband
Bestellnummer **771** EUR **29,90**

Die Geschichte von Rosenkranz und eine umfassende Doku der Fahrzeuge und Krane.

168 Seiten, 600 Abbildungen
28 x 21 cm, fester Einband
Bestellnummer **534** EUR **29,90**

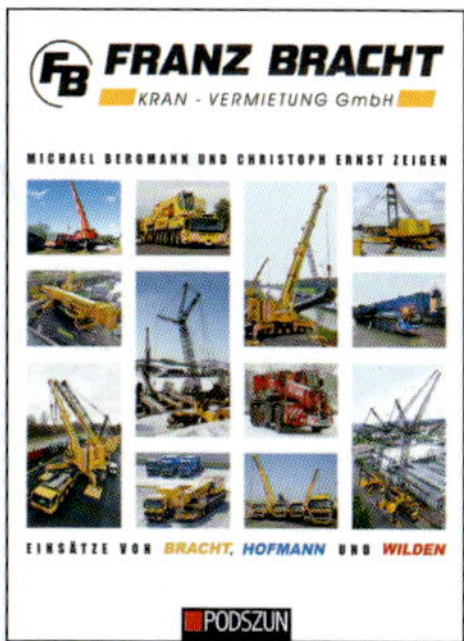

Ein Buch der Extraklasse, eine gigantische Bilderschau mit mehr als 700 exzellenten Fotografien

320 Seiten, 700 Abbildungen
32 x 23 cm, fester Einband
Bestellnummer **790** EUR **49,90**

ANNE-KATRIN WEBER | FOTOS: WOLFGANG SCHARDT

MEINE FABELHAFTE BISTRO-KÜCHE

KLASSISCHE UND NEUE
REZEPTE MIT O LÀ LÀ

LES AMUSE-BOUCHES LITTÉRAIRES

LE BISTRO – MON AMOUR! AUF DEN NACHFOLGENDEN SEITEN – DEN LESE-HÄPPCHEN DIESES BUCHES – ERZÄHLE ICH IHNEN VON »MEINEM« FRANKREICH UND MEINER BISTRO-KÜCHE. UND WIE ICH MIR IMMER WIEDER EINE ORDENTLICHE PRISE SAVOIR VIVRE NACH HAUSE HOLE.

QUALITÄTS G|U GARANTIE

DIE GU-QUALITÄTS-GARANTIE

Wir möchten Ihnen mit den Informationen und Anregungen in diesem Buch das Leben erleichtern und Sie inspirieren, Neues auszuprobieren. Bei jedem unserer Bücher achten wir auf Aktualität und stellen höchste Ansprüche an Inhalt, Optik und Ausstattung. Alle Rezepte und Informationen werden von unseren Autoren gewissenhaft erstellt und von unseren Redakteuren sorgfältig ausgewählt und mehrfach geprüft. Deshalb bieten wir Ihnen eine 100%ige Qualitätsgarantie.

Darauf können Sie sich verlassen:
Wir legen Wert darauf, dass unsere Kochbücher zuverlässig und inspirierend zugleich sind.
Wir garantieren:

- dreifach getestete Rezepte
- sicheres Gelingen durch Schritt-für-Schritt-Anleitungen und viele nützliche Tipps
- authentische Rezept-Fotografie

Wir möchten für Sie immer besser werden:
Sollten wir mit diesem Buch Ihre Erwartungen nicht erfüllen, lassen Sie es uns bitte wissen! Nehmen Sie einfach Kontakt zu unserem Leserservice auf. Sie erhalten von uns kostenlos einen Ratgeber zum gleichen oder zu einem ähnlichen Thema. Die Kontaktdaten unseres Leserservice finden Sie am Ende dieses Buches.

GRÄFE UND UNZER VERLAG
Der erste Ratgeberverlag – seit 1722.

KV

BIENVENUE!

Savoir vivre für jeden Tag, dazu möchte ich Sie auf den folgenden Seiten einladen. In Stuttgart geboren, in Hamburg zu Hause, im Herzen französisch – was liegt da näher, als mir mein kleines Stück Frankreich nach Hause zu holen? Genießen Sie wie ich die Auszeiten im Alltag, und lassen Sie sich fernab vom Schlaraffenland Frankreich einfangen von der genussvollen Lebensart unserer Nachbarn!

Mit viel »Zislaweng«, so sagt man in der Hamburger Mundart für »mit viel Schwung«, habe ich mich an dieses sehr persönliche Buch gemacht. (Die sprachlichen Wurzeln liegen dabei übrigens im Französischen: *entre le zist et le vent* bedeutet so viel wie zwischen dem Nichts und dem Wind.) Begleiten Sie mich auf meinem Streifzug durch französische Bistros und heimische Kochtöpfe, kommen Sie mit auf eine kulinarische Reise durch mein Lieblingsland.

Ich liebe die zahlreichen Klassiker, die seit Jahrzehnten ihren unangefochtenen Platz auf den Speisekarten der Bistros zwischen Paris und Lyon haben, ebenso die unverfälschten Gerichte der *cuisine ménagère*, der französischen Familienküche. Einige Rezepte habe ich modernisiert, andere habe ich meinen persönlichen Vorlieben oder denen meiner Familie angepasst oder neu interpretiert – auf alle Fälle erwartet Sie jede Menge Genuss und französische Leichtigkeit im Kochtopf.

Haute cuisine suchen Sie hier vergeblich, die Hauptrolle spielen Alltagsgerichte mit bodenständigen, dabei aber qualitativ hochwertigen Zutaten – wie im Bistro eben! Und falls Sie ein bisschen mehr auftischen wollen: *Mais oui*, auch an Ihre Gäste und Feste habe ich gedacht. Verführerische Rezepte, dabei unkompliziert und gut vorzubereiten – das ist meine oberste Maxime, egal, ob es sich um ein Essen *en famille* oder *la grande bouffe* dreht.

Ich sage *au revoir* und tschüss, liebe Leser – auch dieser Gruß, Sie ahnen es schon, kam vor langer Zeit mit den Franzosen nach Hamburg …

Ihre

Anne-Katrin Weber

VOLL GENUSS UND LEBENSFREUDE: MEINE BISTRO-KÜCHE!

Was gibt es Schöneres, als in einem Pariser Bistro zu sitzen? Ich muss nur die Augen schließen, schon bin ich mittendrin. Höre den Lärm aus der Küche, das Klappern des Geschirrs, die Gespräche der Gäste um mich herum, beobachte die geschäftigen Kellner bei ihrer Arbeit… Ach, könnte ich doch häufiger dort sein!

Aber nachdem Paris nicht um die Ecke von Hamburg liegt, hole ich mir eben die *joie de vivre,* die genussvolle Lebensart der Franzosen, in mein Zuhause und schaffe mir so mein ganz persönliches Bistro. Mein Plätzchen, an dem ich meinen Frankreich-Tick mit meiner Familie und meinen Freunden teilen kann – wo ginge das besser als an Herd und Esstisch?

EINKAUFEN AUF FRANZÖSISCHE ART

Bevor es ans Kochen geht, möchte ich Sie zum bewussten Einkaufen nach guter französischer Art ermuntern: Fragen stellen, drücken, riechen und probieren! Lassen Sie sich von Ihrem Metzger beraten, gehen Sie auf dem Wochenmarkt einkaufen, verreiben Sie zarte Kräuterblättchen zwischen den Fingern, fachsimpeln Sie mit Ihrem Fischhändler, probieren Sie sich durch köstliche Käsesorten – die gute Qualität der Grundzutaten und die Wertschätzung regionaler Spezialitäten sowie auch saisonaler Produkte sind dabei so viel wichtiger als vermeintliche Luxuslebensmittel!

TYPISCHE AROMEN!

Auf dem Wochenmarkt bekomme ich im Frühjahr und Sommer auch die typischen Kräuter, die für französisches Flair in meinem Kochtopf sorgen: mediterranes Basilikum, dessen kleine Blättchen besonders aromatisch schmecken, aber auch duftenden Thymian, kräftiges Bohnenkraut, frischen Lorbeer und natürlich Rosmarin, den ich besonders liebe.

TRADITION TRIFFT QUALITÄT!

Die Merkmale der französischen Bistro-Küche im Allgemeinen, also beste, frische Grundzutaten und eine traditionelle Zubereitung, mische ich mit meiner persönlichen Art zu kochen. Meine Bistro-Küche ist überwiegend einfach und unkompliziert, enthält viel frisches Gemüse der Saison und weniger Fleisch, und vieles, was zunächst zeitaufwendig erscheint, lässt sich gut vorbereiten. Denn gerade auch in meinem Bistro zu Hause ist es mir wichtig, dass ich mir Zeit nehme zum Kochen und zum gemeinsamen Genießen danach – denn dann habe ich einfach mehr Spaß daran! Dabei kann ich ja schon einmal darüber nachdenken, in welchem Bistro ich mich auf meiner nächsten Frankreichtour verwöhnen lassen werde …

GENUSS FÄNGT IN FRANKREICH SCHON BEIM EINKAUF AN!

LE MATIN

CONFITURE DE FIGUES AUX NOIX **GELÉE DE POIRES AU GEWURZ** GELÉE DE FRAISES AU THYM · CONFITURE D'ABRICOTS · **CONFITURE DE CARAMEL** · PÂTE À TARTINER AU CHOCOLAT CROISSANTS · **BRIOCHETTES AUX FIGUES** · PAIN BRIOCHÉ **ET PLUS...**

CONFITURE DE FIGUES AUX NOIX

FEIGENKONFITÜRE MIT WALNÜSSEN

Sie wundern sich vielleicht: Balsamico in süßer Konfitüre? Aber nach einer spontanen Feigenernte während einer Radtour im Lubéron mussten vollreife Feigen unbedingt noch rasch in den Kochtopf. Da es nur noch eine Zitrone gab, griff ich zu Balsamico und siehe da: Es schmeckte uns allen wunderbar.

FÜR 4 GLÄSER (À CA. 250 ML)

Zubereitungszeit: ca. 45 Min.
Ruhezeit: mind. 2 Std.
Pro Glas: ca. 850 kcal

1 kg vollreife Feigen (nach Möglichkeit blauviolette)
1 Bio-Zitrone
1 Bio-Orange
3 EL Aceto balsamico
500 g Rohrohrzucker
1 Päckchen Gelierhilfe 2 : 1
100 g Walnusskerne

1. Die Feigen waschen und in dünne Spalten schneiden. Die Zitrone und die Orange heiß waschen, trocken tupfen, die Schale fein abreiben und den Saft auspressen.

2. In einem weiten Topf die Feigen mit Zitronensaft und -schale, Orangensaft und -schale, Balsamico, Rohrohrzucker und Gelierhilfe mischen und mindestens 2 Std. Saft ziehen lassen. Die Walnusskerne grob hacken und unterrühren.

3. Alles aufkochen und bei großer Hitze und unter Rühren nach Packungsanweisung sprudelnd kochen. Währenddessen saubere Gläser mit Schraubverschluss heiß ausspülen und umgedreht abtropfen lassen. Dann die Konfitüre bis zum Rand einfüllen. Die Gläser fest verschließen, umdrehen und 20 Min. auf dem Deckel stehen lassen. Die Feigenkonfitüre mit Walnüssen ist mindestens 6 Monate haltbar.

MEIN GENUSSTIPP

Die aromatische Konfitüre schmeckt auch fein als süßer Begleiter zu würzigem Ziegen- und Blauschimmelkäse (Roquefort!), zu rohem Schinken oder zu Roastbeef.

GELÉE DE POIRES AU GEWURZ

BIRNENGELEE MIT GEWÜRZTRAMINER

Der kräftig duftende Elsässer Wein verleiht dem Gelee ein üppiges Bouquet an Gewürzen und exotischen Früchten. Der Inhalt der angebrochenen Flasche schmeckt übrigens – wie auch das Gelee – köstlich zu gelagertem Rohmilchkäse oder einer würzigen Quiche!

FÜR 4 GLÄSER (À CA. 400 ML INHALT)

Zubereitungszeit: ca. 50 Min.
Pro Glas: ca. 1450 kcal

1 Vanilleschote
1 kg reife, aromatische Birnen
500 ml naturtrüber Apfelsaft
3–4 EL Zitronensaft
250 ml Gewürztraminer
5 Gewürznelken
1,25 kg Rohrohrzucker
3 Päckchen Gelierhilfe 2 : 1

1. Die Vanilleschote der Länge nach halbieren und das Mark mit einem Teelöffel herauskratzen. Die Birnen schälen, vierteln und das Kerngehäuse jeweils herausschneiden.

2. Den Apfelsaft mit Zitronensaft, 250 ml Wasser, Gewürztraminer, Gewürznelken, Vanillemark und -schote aufkochen. Die Birnenviertel hineingeben und bei kleiner Hitze ca. 10 Min. offen köcheln lassen. Die Birnen sollen gar, aber noch fest sein. Die Birnenviertel mit einer Schaumkelle herausheben, etwas abkühlen lassen und in feine Würfelchen schneiden. Beiseitestellen.

3. Den Rohrohrzucker und die Gelierhilfe unter die Flüssigkeit rühren. Die Flüssigkeit aufkochen, dann 4 Min. sprudelnd kochen. Währenddessen saubere Gläser mit Schraubverschluss heiß ausspülen und umgedreht abtropfen lassen.

4. Die Vanilleschote und die Gewürznelken nach Belieben aus dem Gelee entfernen und die Birnenwürfelchen unterrühren. Dann das Gelee bis zum Rand einfüllen. Die Gläser fest verschließen, umdrehen und 20 Min. auf dem Deckel stehen lassen. Das Birnengelee ist mindestens 6 Monate haltbar.

GELÉE DE FRAISES AU THYM

ERDBEERGELEE MIT THYMIAN

Das knallrote Gelee mit dem leichten Kräuterhauch löffele ich mir am liebsten auf eine dicke, gebutterte Scheibe Brioche. Manchmal rühre ich vor dem Einfüllen in die Gläser noch einen guten Schuss Orangenlikör unter – auch fein!

FÜR 4 GLÄSER (À CA. 250 ML INHALT)

Zubereitungszeit: ca. 50 Min.
Ruhezeit: ca. 30 Min.
Pro Glas: ca. 660 kcal

2 kg vollreife, aromatische Erdbeeren
4–6 kleine Zweige Thymian
5 EL frisch gepresster Zitronensaft
5 EL frisch gepresster Orangensaft
500 g Gelierzucker 2 : 1

Außerdem:
1 Mulltuch (Passiertuch)

1. Die Erdbeeren in einem Sieb abbrausen, entkelchen, putzen und in einen Topf geben. 100 ml Wasser hinzufügen. Die Thymianzweige waschen, trocken schütteln und dazugeben. Die Erdbeeren aufkochen und zugedeckt bei mittlerer Hitze 10 Min. kochen.

2. Ein weites Sieb mit einem Mulltuch auslegen und über eine Schale legen. Die Erdbeermasse in das Sieb geben und ca. 30 Min. gut abtropfen lassen, dabei den Saft auffangen. Dann die Früchte mithilfe des Mulltuches gut ausdrücken.

3. 900 ml Erdbeersaft abmessen und zusammen mit dem Zitronensaft, dem Orangensaft und dem Gelierzucker in einem Topf einmal aufkochen. Dann 3–4 Min. sprudelnd kochen und das Gelee abschäumen. Wer sicher gehen will, dass das Gelee ausreichend geliert ist, macht nun eine Gelierprobe (siehe Tipp).

4. Währenddessen saubere Gläser mit Schraubverschluss heiß ausspülen und umgedreht abtropfen lassen. Dann das Gelee bis zum Rand einfüllen. Die Gläser fest verschließen, umdrehen und 20 Min. auf dem Deckel stehen lassen. Das Erdbeergelee mit Thymian ist mindestens 6 Monate haltbar.

MEIN PRAXISTIPP

Für eine Gelierprobe 1 TL Gelee auf eine Untertasse geben und kurz warten, ob das Erdbeergelee fest wird. Falls nicht, den Saft noch etwas länger einkochen und die Gelierprobe wiederholen.

LA VIE EST DURE SANS CONFITURE: MEINE SONNE IM GLAS!

Wenn ich gefragt werde, was ich im Urlaub denn so gemacht habe, antworte ich manchmal: »Ich habe Marmelade gekocht«. Und ernte dann entweder ungläubiges Augenbrauenhochziehen oder amüsiertes Lächeln: Warum ich denn – im Urlaub! – Marmelade koche? So lange in der Küche stehe? Mir so viel Arbeit mache? Warum ich nicht lieber entspanne?

Ganz einfach: Weil Marmelade kochen für mich die pure Entspannung ist! Weil ich den Duft liebe, der sich beim Einkochen breitmacht und durch alle Räume zieht. Weil es für mich keine saftigeren, reiferen und vor mehr Aroma strotzenden Früchte gibt als im Süden Frankreichs, wo ich schon viele Urlaube verbracht habe. Die Neugierde, ob die Marmelade so gut schmeckt wie die vor ein oder zwei Jahren. Die Freude, zurück in Hamburg, in der kühleren Jahreszeit ein Glas »eingekochte Sonne« zu öffnen – und damit die Erinnerung an herrlich unbeschwerte Tage in *la douce France*. Und natürlich, weil mir gekaufte Marmelade in den seltensten Fällen schmeckt: zu zuckerig, zu wenig Frucht, zu wenig Aroma, zu fest – das bekomme ich selbst doch so viel besser hin!

Also nichts wie ran an den Kochtopf! Am besten den Schweren, Dickwandigen aus Kupfer nehmen. So einen *chaudron*, wie die Franzosen dazu sagen, habe ich vor einigen Jahren auf einem Flohmarkt im Luberon

aufgetrieben – nichts für schicke Hightech-Herde, aber genau das Richtige für meinen Gasherd. Doch keine Sorge: Meine Gelees und Konfitüren (um die Marmelade bei ihrem korrekten Namen zu nennen) gelingen auch in einem normalen großen Kochtopf.

NUR DIE BESTEN KOMMEN INS GLAS!

Denn A und O beim Konfitürekochen sind die Früchte, die verarbeitet werden. Und da gehen Sie bitte keine Kompromisse ein, es lohnt sich einfach nicht – denken Sie an die viele Arbeit, die Zeit und … Also nur reifes Obst nehmen, denn mit supermarktharten Pfirsichen können Sie beim besten Willen keine saftige, aromatische Marmelade hinbekommen.

Und machen Sie es wie die Franzosen, und lassen Sie den Früchten Zeit! Schneiden Sie sie also immer zuerst klein, vermischen Sie sie im Topf mit Zucker und lassen Sie sie einige Stunden oder auch über Nacht stehen, bis sich ein dicker Sirup entwickelt hat. Nun alles langsam aufkochen, dabei ab und zu rühren, dann sprudelnd kochen, sodass viel Flüssigkeit verdampft. Zuletzt die fertige Marmelade in heiß ausgespülte, saubere Gläser füllen. Abkühlen lassen, liebevoll etikettieren und beschriften – dann haben Sie auch gleich ein nettes Mitbringsel im Vorrat!

EINGEWECKTER SOMMER FÜR GRAUE WINTERTAGE!

CONFITURE D'ABRICOTS

APRIKOSENKONFITÜRE

Greifen Sie unbedingt zu, wenn Sie die leuchtend orangefarbenen »Bergeron«-Aprikosen auf dem Wochenmarkt bekommen können. Aber schön vollreif müssen die Früchte sein, sodass einem beim Entsteinen der Saft zwischen den Fingern läuft …

FÜR 4 GLÄSER (À CA. 250 ML INHALT)

Zubereitungszeit: ca. 50 Min.
Ruhezeit: mind. 4 Std.
Pro Glas: ca. 740 kcal

1 kg aromatische, vollreife Aprikosen
1 Vanilleschote
500 g Gelierzucker 2 : 1
3 EL Zitronensaft
100 g ganze gehäutete Mandeln

1. Die Aprikosen waschen, abtropfen lassen, halbieren und entkernen. Aprikosenhälften in grobe Spalten schneiden und in einen weiten Topf geben. Die Vanilleschote der Länge nach halbieren und das Mark herauskratzen. Gelierzucker und Zitronensaft mit den Aprikosen mischen und mindestens 4 Std. Saft ziehen lassen.

2. Inzwischen die Mandeln in einer Pfanne ohne Fett bei kleiner Hitze hellbraun rösten, bis sie zu duften anfangen. Mandeln abkühlen lassen und grob hacken.

3. Nach der Ruhezeit die Aprikosenmischung mit den Mandeln mischen und aufkochen, dabei eventuell den Schaum abnehmen. Alles 4 Min. sprudelnd kochen.

4. Währenddessen saubere Gläser mit Schraubverschluss heiß ausspülen und umgedreht abtropfen lassen. Dann die Konfitüre bis zum Rand einfüllen. Die Gläser fest verschließen, umdrehen und 20 Min. auf dem Deckel stehen lassen. Die Aprikosenkonfitüre ist mindestens 6 Monate haltbar.

CONFITURE DE CARAMEL

KARAMELLCREME

Diese köstliche Creme darf bei uns nicht ausgehen! Die confiture de caramel *schmeckt nämlich nicht nur auf Croissants und Baguette, sie peppt auch schlichte Crêpes und Waffeln auf und ergibt eine feine Füllung für die Schokoladenmacarons von Seite 167.*

FÜR 3 GLÄSER (À CA. 225 ML INHALT)

Zubereitungszeit: ca. 40 Min.
Pro Glas: ca. 1235 kcal

300 g Zucker
250 g Butter
200 g Sahne
Meersalz (am besten Fleur de Sel)

1. Den Zucker und 4 EL Wasser in einem weiten Topf verrühren. Bei kleiner bis mittlerer Hitze langsam zu goldbraunem Karamell schmelzen (Geduld, das kann zwischen 10 und 15 Min. dauern), dabei nicht rühren!

2. Die Butter in kleine Stückchen schneiden und nach und nach unter den köchelnden Karamell rühren. (Vorsicht, der Karamell ist sehr heiß, und es kann spritzen!) Den Butter-Karamell ca. 2 Min. leicht kochen. Dabei kann es sein, dass sich die Butter vom Zucker trennt. Durch stetiges Rühren mit einem Saucenschneebesen bekommen Sie aber wieder eine gebundene Creme.

3. Die Sahne erhitzen. Sobald sich der Karamell mit der Butter vermischt hat, den Topf vom Herd nehmen. Die heiße Sahne dazugießen, 3/4 TL Meersalz dazugeben und so lange gründlich unterrühren, bis die Creme wieder glatt ist.

4. Währenddessen saubere Gläser mit Schraubverschluss heiß ausspülen und umgedreht abtropfen lassen. Die Karamellcreme bis zum Rand einfüllen und die Gläser fest verschließen. Die Creme hält sich im Kühlschrank mindestens 8 Wochen lang frisch.

MEINE VARIANTE

Manchmal streiche ich die Karamellcreme auch auf ausgerollten Briocheteig, den ich dann in Streifen schneide, zu kleinen Nestern forme und goldgelb backe. Diese »Briocheknoten« gehen bei uns weg wie warme Semmeln.

PÂTE À TARTINER AU CHOCOLAT

SCHOKOLADENCREME

Herrlich schokoladig dieser feine Aufstrich, und damit genau das Richtige, um mir das frühe Aufstehen unter der Woche zu versüßen – wobei die Schokoladencreme eher herb denn zuckrig-süß schmeckt. Für Überraschung sorgt hier zusätzlich Olivenöl.

FÜR 2 GLÄSER (À CA. 180 ML INHALT)

Zubereitungszeit: ca. 25 Min.
Pro Glas: ca. 855 kcal

120 g Bitterkuvertüre
60 g Vollmilchkuvertüre
100 g Sahne
Meersalz (am besten Fleur de Sel)
50 g sehr gutes Olivenöl

1. Beide Kuvertüresorten fein hacken und in eine Schüssel geben. Die Sahne aufkochen und in drei Portionen zur Schokolade gießen, dabei ständig mit dem Schneebesen rühren.

2. Sobald die Schokolade in der Sahne aufgelöst ist, 1 kräftige Prise Meersalz dazugeben und das Olivenöl in dünnem Strahl unterrühren. Sollte die Schokolade inzwischen zu kalt geworden sein, die Schüssel auf ein warmes Wasserbad setzen und die Creme unter Rühren so lange erwärmen, bis sie wieder streichfähig ist.

3. Währenddessen saubere Gläser mit Schraubverschluss heiß ausspülen und umgedreht abtropfen lassen. Die Schokoladencreme bis zum Rand einfüllen und die Gläser fest verschließen. Die Creme hält sich im Kühlschrank mindestens 6 Wochen lang frisch.

MEIN AROMATIPP

Einen nussig-aromatischen Touch erhält die Creme, wenn Sie die Hälfte des Olivenöls durch hochwertiges Haselnussöl ersetzen. Dann passen auch 2 EL geröstete und anschließend fein gehackte Haselnusskerne zur Creme.

CROISSANTS

ZARTBLÄTTRIGE HÖRNCHEN

Trauen Sie sich ruhig ran, die köstlichen Croissants werden Sie für das zeitintensive Kneten, Tourieren und Kühlen zwischendurch mehr als belohnen! Nichts für Anfänger, das gebe ich gerne zu, aber mit ein bisschen Übung gelingen Ihnen genauso buttrig-knusprige Croissants wie mir.

FÜR 20 STÜCK

Zubereitungszeit: ca. 1 Std. 15 Min.
Ruhe- und Kühlzeiten: insgesamt ca. 16 Std.
Backzeit: 2 × 15–20 Min.
Pro Stück: ca. 190 kcal

500 g Weizenmehl (Type 550)
20 g Hefe (ca. 1/2 Würfel; am besten Bio-Hefe)
10 g Meersalz
50 g Zucker
1 Ei (Größe M)
125 ml Milch
225 g Butter

Außerdem:
Mehl zum Arbeiten
1 Ei zum Bestreichen
Backpapier

MEIN PRAXISTIPP

Sie können die (aufgegangenen!) Teiglinge einzeln einfrieren, dann in TK-Beutel verpacken und verschließen. Vor dem Aufbacken 45 Min. bei Zimmertemperatur auftauen lassen, mit Ei bestreichen und im Ofen in 15–20 Min. knusprig backen.

1. Das Mehl in eine Schüssel geben und die Hefe hineinkrümeln. Das Meersalz, den Zucker, das Ei, die Milch und 125 ml kaltes Wasser dazugeben. Alles in der Küchenmaschine in ca. 5 Min. zu einem elastischen Teig kneten. Den Teig auf wenig Mehl zu einer glatten Kugel formen und in eine bemehlte Schüssel legen. Mit einem aufgeschnittenen Gefrierbeutel abdecken und 12 Std. in den Kühlschrank stellen. Die Butter zwischen 2 Lagen Backpapier zu einer 20 × 20 cm großen Platte ausrollen und abgedeckt kalt stellen.

2. Den Hefeteig aus der Schüssel auf eine bemehlte Arbeitsfläche stürzen und abgedeckt 1 Std. ruhen lassen. Die Butterplatte aus dem Kühlschrank nehmen. Den Teig zu einem Rechteck von ca. 30 × 40 cm ausrollen und die Butterplatte mittig darauflegen. Den überstehenden Teig wie einen Briefumschlag über die Butterplatte falten, dabei die Teigränder gut festdrücken. Den Teig auf wenig Mehl zur doppelten Länge ausrollen. Für die erste »Tour« ein Drittel des Teiges zur Mitte falten, dann das andere Teigdrittel darüberschlagen. Den Teig in Frischhaltefolie wickeln und 20 Min. kalt stellen. Dieses Tourieren und Kühlen noch zwei Mal wiederholen.

3. Nach dem dritten Tourieren den Teig zu einem Rechteck von 30 × 60 cm ausrollen, längs halbieren und mit einem großen Messer in je 10 Dreiecke schneiden. Jedes Dreieck in der Mitte der kurzen Seite ca. 2 cm einschneiden und die Dreiecke von der kurzen Seite her aufrollen, dabei den Einschnitt leicht auseinanderziehen. Die Enden zusammenbiegen, sodass die typische Croissantform entsteht. Zwei Backbleche mit Backpapier belegen. Die Teiglinge darauflegen, mit einem Küchenhandtuch abdecken und 2 Std. an einem warmen Ort gehen lassen.

4. Den Backofen auf 200° vorheizen. Die Teiglinge mit verquirltem Ei bestreichen. Die Croissants im Backofen (Mitte) in jeweils 15–20 Min. goldbraun backen (ein Blech nach dem anderen!).

BRIOCHETTES AUX FIGUES

KLEINE BRIOCHES MIT FEIGEN

Ofenwarm schmecken mir die kleinen brioches à tête *am allerbesten. Die Feigen können Sie durch Rosinen oder (die Lieblingsvariante meiner Kinder) durch große Stückchen guter Bitterschokolade ersetzen!*

FÜR 18 STÜCK

Zubereitungszeit: ca. 1 St. 20 Min.
Ruhe- und Kühlzeiten: insgesamt ca. 17 Std. | Backzeit: ca. 15 Min.
Pro Stück: ca. 270 kcal

Für den Hefeteig:
500 g Weizenmehl (Type 550)
50 g Zucker | Meersalz
25 g Hefe (am besten Bio-Hefe)
5 Eier (Größe M) | 4 EL Milch
60 g Haselnusskerne
100 g getrocknete Feigen
250 g kalte Butter
Mark von 1/2 Vanilleschote

Außerdem:
Mehl zum Arbeiten
Butter für die Förmchen
1 Eigelb und 2 EL Milch zum Bestreichen
18 Briocheförmchen (siehe Tipp)

MEIN PRAXISTIPP

Wer keine oder nicht genug Briocheförmchen hat, kann in einer Muffinsform mit 12 Mulden etwas größere Brioches backen. Die Garzeit verlängert sich dann um wenige Minuten.

1. Am Vorabend Mehl, Zucker und 3/4 TL Meersalz in eine große Rührschüssel geben. Die Hefe mit der Mehlmischung verreiben. Eier und Milch dazugeben. Alles in der Küchenmaschine in ca. 5 Min. zu einem elastischen Teig kneten. Inzwischen die Nüsse grob hacken. Die Feigen in kleine Würfel schneiden und mit 5 EL heißem Wasser quellen lassen. Die Butter würfeln und nach und nach zum Teig geben. Die Feigen in ein Sieb abgießen, etwas ausdrücken und mit Nüssen und Vanille zum Teig geben.

2. Den Teig in der Küchenmaschine zunächst auf kleiner, dann auf mittlerer Stufe 10 Min. kneten, bis er glatt und seidig, aber noch recht weich ist. Die Rührschüssel mit einem aufgeschnittenen Tiefkühlbeutel abdecken. Den Teig bei Zimmertemperatur 2 Std. gehen lassen, dann zum weiteren Gehen für 12 Std. in den Kühlschrank stellen, am besten über Nacht.

3. Am nächsten Morgen den Teig auf die leicht bemehlte Arbeitsfläche geben, dann mit dem Tiefkühlbeutel abdecken und in 1 Std. Zimmertemperatur annehmen lassen. Dann die Briocheförmchen gründlich einfetten. Vom Teig 18 gleich große Portionen à ca. 60 g abnehmen und auf wenig Mehl zu Kugeln formen. Aus dem übrigen Teig 20 kleine Kugeln formen. Die großen Teigkugeln in die Förmchen geben und jeweils in die Mitte eine tiefe Mulde hineindrücken. Die kleinen Kugeln in die Mulden setzen. Mit dem Tiefkühlbeutel bedeckt bei Zimmertemperatur 2 Std. gehen lassen, bis sie ihr Volumen deutlich vergrößert haben.

4. Inzwischen den Backofen auf 180° vorheizen. Eigelb und Milch verquirlen und die Teiglinge damit bestreichen. Im Backofen (Mitte) in ca. 15 Min. goldbraun backen. Die Stäbchenprobe machen. Die Briochettes herausnehmen, in den Förmchen kurz abkühlen lassen, dann auf ein Kuchengitter stürzen und auskühlen lassen.

FRÜHSTÜCK AUF FRANZÖSISCH: LE PETIT DÉJEUNER

Zugegeben, ein großer Frühstücks-Esser bin ich nicht, und damit entspreche ich wohl dem Klischee des französischen Großstädters, der en route, *also auf dem Weg zur Arbeit, rasch* »un café express et un croissant« *ordert.*

Unter der Woche genügt mir eine große Schale Café au Lait (und ohne die kein Frühstück), viel mehr brauche ich frühmorgens nicht. Ein Stück getoastetes Brot, etwas salzige Butter, Marmelade oder Honig – das geht schön schnell und ist auch unausgeschlafen hinzukriegen.

Am Wochenende sieht mein Frühstück jedoch ganz anders aus. Idealerweise und wirklich häufig (andere Männer aufgepasst!), bringt mir Monsieur den ersten Kaffee ans Bett, den zweiten gibt es dann zum späten Frühstück. Und hier darf es nun auch gerne opulenter zugehen, womit ich nicht Eier mit Schinken oder ähnlich Deftiges meine, nein, nein, sondern buttrige Croissants, duftende Brioches und knuspriges Baguette. Dazu eine große Schüssel Obstsalat und Käse von meinem Käsehändler auf dem Wochenmarkt – so fängt für mich ein ausgedehntes Sonntagsfrühstück an.

Zu meinem absoluten Lieblingsgebäck zählt unbedingt eine frische Brioche. Wenn wir in Paris unterwegs sind, gehört für mich die Suche nach der besten und schönsten Brioche beim Gang durch meine Lieblings-Patisserien zum Reiseritual dazu. In der *Boulangerie*

de *Véronique Mauclerc,* bei *Gontran Cherrier* oder im *Du pain et des idées* werde ich immer fündig. Was die Form angeht, so bin ich ganz offen: Ich mag sie in klein als *briochettes* oder *brioches à tête,* also mit Kopf, aber auch *pain brioché* aus der Kastenform als großen Briochelaib. Den schneide ich am liebsten in sehr dicke Scheiben, darauf löffele ich feines Gelee oder fruchtige Marmelade – *c'est très délicieux!*

MEINE KLEINE BRIOCHE-BACKSTUBE

Seit ich entdeckt habe, wie meine Brioches zu Hause so richtig locker und fluffig werden, stehen sie bei uns häufiger auf dem sonntäglichen Frühstückstisch. Mein Trick: Ich lasse den buttrigen Hefeteig einige Stunden, am besten über Nacht, im Kühlschrank bei ca. 8° gehen. So kann er sich langsam entwickeln und erreicht besonders viel Aroma. Am nächsten Morgen darf er einige Zeit bei Zimmertemperatur ruhen, bis er sich wieder auf Raumtemperatur erwärmt hat. Nun wird der Teig geformt, man gönnt ihm erneut eine kleine Ruhezeit, dann erst wird er gebacken. Wie gesagt, diese Methode ist nur etwas für Menschen, die am Wochenende gerne eher spät frühstücken. Es sei denn, Sie überwinden sich und holen den Teig schon einmal früh morgens aus dem Kühlschrank, um dann noch eine kleine Runde zu schlummern …

FRÜHSTÜCK VOM FEINSTEN – FAST WIE IN FRANKREICH

PAIN BRIOCHÉ

BRIOCHE

Duftig-locker, weich und dabei ohne Butter – die Sahne macht diese Brioche zum Liebling auf meinem Frühstückstisch. Gönnen Sie dem Teig unbedingt ausreichend Zeit zum Gehen, damit er sich langsam, aber sicher zu einem Prachtstück entwickeln kann.

FÜR 1 KASTENFORM (30 CM LÄNGE)

Zubereitungszeit: ca. 1 Std.
Ruhe- und Kühlzeiten: insgesamt ca. 14–16 Std.
Backzeit: ca. 40 Min.
Bei 20 Scheiben pro Scheibe: ca. 150 kcal

1/2 Vanilleschote
200 g Sahne | 2 EL Milch
3 Eier (Größe M)
500 g Weizenmehl (Type 550)
80 g Zucker | Meersalz
1 TL abgeriebene Bio-Zitronenschale
10 g Hefe (ca. 1/4 Würfel; am besten Bio-Hefe)

Außerdem:
Mehl zum Arbeiten
1 EL Milch zum Bestreichen
1–2 EL Hagelzucker zum Bestreuen

MEIN PRAXISTIPP

Geben Sie die ausgekratzte Vanilleschote in ein mit Zucker gefülltes Schraubglas und lassen Sie die Mischung mindestens 1 Woche durchziehen – so haben Sie den besten Vanillezucker vorrätig.

1. Am Vorabend die Vanilleschote der Länge nach aufschlitzen und das Mark herauskratzen (siehe Tipp). Sahne und Milch lauwarm erhitzen. 1 Ei trennen. Das Eigelb abgedeckt in den Kühlschrank stellen. Das Eiweiß mit den übrigen beiden Eiern, dem Mehl, dem Zucker, 1/2 TL Meersalz, der Zitronenschale, der Sahne-Milch-Mischung und dem Vanillemark in die Rührschüssel der Küchenmaschine geben. Die Hefe dazukrümeln. Alles in der Küchenmaschine 15 Min. kneten lassen (nicht kürzer!). Den Teig herausnehmen und mit den Händen zu einer glatten Teigkugel kneten.

2. Den Teig in die Schüssel zurücklegen, die Schüssel mit einem aufgeschnittenen Tiefkühlbeutel abdecken und den Teig bei Zimmertemperatur 30 Min. gehen lassen. Die Schüssel in den Kühlschrank stellen und den Teig über Nacht 12–14 Std. gehen lassen.

3. Am nächsten Morgen den Teig auf eine leicht bemehlte Arbeitsfläche stürzen, mit dem Tiefkühlbeutel abdecken und 30 Min. ruhen lassen. Den Teig in sechs gleich große Portionen teilen. Jede Portion länglich ausrollen, die Enden zu einem Drittel überschlagen, festdrücken und zu einer Kugel formen. Die Kastenform gründlich einfetten. Die Teigkugeln nicht exakt nebeneinander, sondern etwas schräg versetzt hineinlegen. Die Form erneut mit dem Tiefkühlbeutel abdecken und den Teig abgedeckt weitere 60–90 Min. bei Zimmertemperatur gehen lassen, bis der Teig knapp unter dem Rand der Kastenform ist.

4. Inzwischen den Backofen auf 180° vorheizen. Das kühlgestellte Eigelb mit der Milch zum Bestreichen verquirlen und den Teig damit bestreichen. Mit Hagelzucker bestreuen. Im Ofen (unten) in 35–40 Min. goldbraun backen, dabei zwischendurch abdecken, damit die Oberfläche nicht zu dunkel wird. Die Stäbchenprobe machen. Brioche in der Form 5 Min. abkühlen lassen, dann auf ein Kuchengitter stürzen und auskühlen lassen.

LES ENTRÉES

CRACKERS AVEC DEUX TAPENADES · **NIDS DE TARTIFLETTE** · SALADE D'ARTICHAUTS AUX NAVETS · SALADE DE TOMATES AUX FRUITS · **ASPERGES VERTES AUX COQUILLES SAINT JACQUES** · SOUPE AU PISTOU SALADE DE LENTILLES · **TARTE TATIN AUX POIVRONS** · TERRINE D'AGNEAU SALADE NIÇOISE AU THON **ET PLUS...**

L'HEURE DE L'APÉRO: ENTSPANNTE COCKTAILSTUNDE

Wahrlich nachahmenswert, der apéro à la française*! Mich überrascht, dass dieser entspannte Einstieg in den Abend sich bei uns noch nicht flächendeckend etabliert hat. Ob in einem Pariser Bistro, im Café an der nächsten Straßenecke oder bei mir zu Hause: Ich jedenfalls genieße die kleine Auszeit vor dem Abendessen sehr.*

Der *apéro,* wie der Aperitif umgangssprachlich genannt wird, hat in Frankreich eine lange Tradition. Zuhause ist es abends der Moment, wo sich die Familie versammelt, entspannt und sich auf das gemeinsame Essen einstimmt. Im Vordergrund stehen dabei die Getränke, die den Magen öffnen sollen, was man am lateinischen Ursprung *aperire* (öffnen) ablesen kann.

DIE KLASSIKER

Zu den beliebtesten Aperitifs in Frankreich zählen ein Glas Weißwein, ein Rosé oder ein Kir aus Crème de Cassis und Weißwein. Edler wird's, wenn Sie den Crème de Cassis mit Champagner oder Crémant aufgießen und so zu einem Kir royal adeln. Auch der anisaromatische Pastis steht nach wie vor obenan auf der Liste der Magenöffner. Neben den bekannten Marken Ricard, Pastis 51 oder Pernod schmeckt mir der fein-würzige Henri Bardouin der *Distilleries et domaines de Provence* am allerbesten. Ich trinke ihn vor allem im Sommer gerne einmal, gut gekühlt mit einigen Eiswürfeln darin.

Daneben gibt es noch zahlreiche regionale Aperitif-Spezialitäten wie die süßen Aperitifweine (Muscat de Rivesaltes, Beaumes de Venise oder Banyuls) oder den ebenfalls süßen Likörwein Pineau des Charentes. Mit letzterem versorgt uns stets der französische Leiter des (französischen, wie kann es auch anders sein …) Chors, in dem ich seit vielen Jahren mitsinge. Im Chor pflegen wir die Tradition des *apéro* und nutzen jeden Anlass, um uns bei einem kleinen Glas und würzigen Knabbereien auf die Chorprobe einzustimmen.

DAZU KLEINE KNABBEREIEN

Denn damit die alkoholhaltigen Getränke nicht gleich zu Kopf steigen, genießt man am besten ein paar Kleinigkeiten dazu, wenigstens Erdnüsse oder Chips. Oliven, aufgeschnittene würzige Salami, Käsewürfel oder Kirschtomaten sind im familiären Umfeld die Ergänzung. Nachdem ich so gerne backe, gibt es bei mir auch häufiger kleine *cakes,* herzhafte Kuchen mit Käse, Speck und Kräutern.

Wenn Sie in Frankreich von Freunden oder Nachbarn zu einem *apéro* eingeladen werden, sollten Sie diese Einladung unbedingt wörtlich nehmen. Man trifft sich für ein Stündchen auf ein Glas, nascht ein paar Oliven und Salzgebäck dazu, dann verabschiedet man sich von den Gastgebern – das Abendessen nimmt jeder für sich zu Hause ein. Erst in neuerer Zeit kann es vorkommen, dass Sie zu einem *apéritif dînatoire* gebeten werden. Hier verschmelzen das *dîner,* die heiligen Stunden des Abendessens *en famille,* mit dem vorangehenden Aperitif. Die Gastgeber reichen verschiedene herzhafte und süße Kleinigkeiten, die den ganzen Abend über gegessen werden. Dann werden neben den obligatorischen Knabbereien auch feine oder deftige *patés,* Schinken und *saucissons secs,* schick in kleinen Gläschen aufgetragene Verrinen (Rezept Seite 42), eine feine Käseauswahl und pikantes Gebäck wie die *gougères* (Rezept Seite 41) aufgetischt.

GENUSSVOLLER
EINSTIEG IN DEN ABEND!

Salem

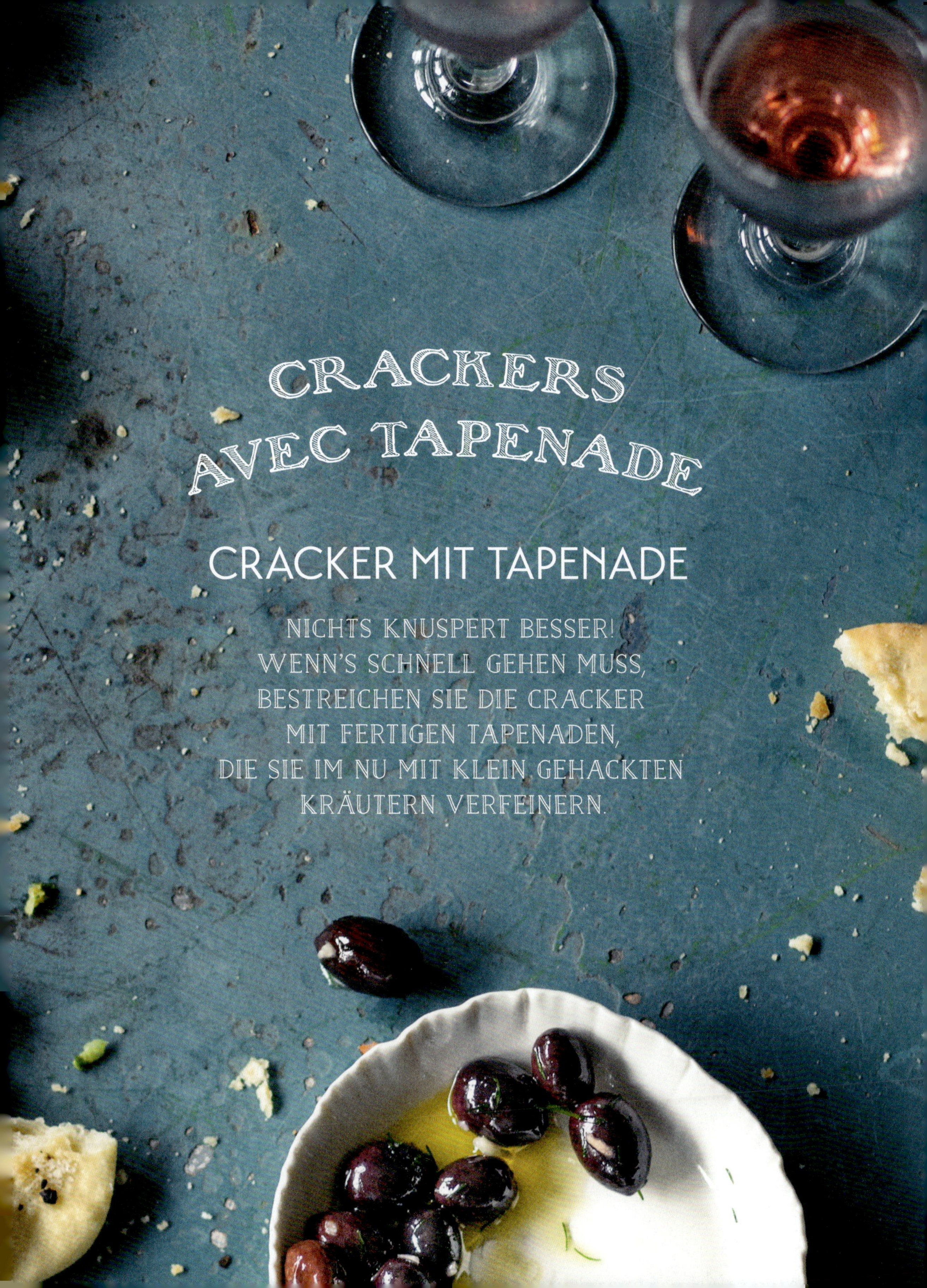

CRACKERS AVEC TAPENADE

CRACKER MIT TAPENADE

NICHTS KNUSPERT BESSER! WENN'S SCHNELL GEHEN MUSS, BESTREICHEN SIE DIE CRACKER MIT FERTIGEN TAPENADEN, DIE SIE IM NU MIT KLEIN GEHACKTEN KRÄUTERN VERFEINERN.

CRACKERS À L'HUILE D'OLIVE

OLIVENÖLCRACKER

Crackers pour croquer, *wie das lustvolle Zubeißen im Französischen so herrlich lautmalerisch heißt. Sie können die knusprigen Teilchen auch mit Ihren Lieblingskräutern bestreuen – Rosmarin, Bohnenkraut oder Thymian machen sich fein darauf.*

FÜR CA. 60 STÜCK

Zubereitungszeit: ca. 35 Min.
Ruhezeit: ca. 6 Std.
Backzeit: 2 × ca. 8 Min.
Pro Stück: ca. 40 kcal

Für den Teig:
500 g Weizenmehl (Type 550)
25 ml Olivenöl
1 Eigelb
Meersalz

Außerdem:
Mehl zum Arbeiten
Ausstecher oder Glas (ca. 7 cm Ø)
ca. 60 ml Olivenöl für die Bleche und zum Bestreichen
Fleur de Sel und Pfeffer zum Bestreuen

1. Für den Teig das Mehl mit 210 ml kaltem Wasser, dem Olivenöl, dem Eigelb und 1/2 TL Meersalz zuerst mit den Knethaken des Handrührgeräts, dann mit den Händen ca. 5 Min. kräftig verkneten, bis der Teig glatt und elastisch ist. Den Teig in Frischhaltefolie wickeln und so bei Zimmertemperatur ca. 6 Std. ruhen lassen.

2. Den Backofen auf 250° vorheizen. Den Teig in zwei Portionen teilen, jede Portion auf wenig Mehl ca. 2 mm dünn ausrollen. Mit einem Ausstecher oder einem Glas ca. 7 cm große Kreise ausstechen. Die Teigreste jeweils verkneten, dann erneut ausrollen und ausstechen.

3. Zwei Backbleche mit Öl bestreichen. Die Teigkreise auf beiden Seiten großzügig mit dem Olivenöl bestreichen und auf die Bleche legen. Im Ofen (Mitte) nacheinander in ca. 8 Min. knusprig und goldbraun backen. Die Cracker noch heiß mit etwas Fleur de Sel und Pfeffer bestreuen und dann auf Kuchengittern auskühlen lassen.

GRÜNE FENCHELPASTE

FÜR 1 GLAS (CA. 400 ML INHALT)

Zubereitungszeit: ca. 30 Min.
Bei 10 Portionen pro Portion: ca. 115 kcal

30 g gehackte Mandeln
1 kleine Fenchelknolle mit Grün (ca. 150 g)
1–2 Knoblauchzehen
150 g entsteinte grüne Oliven
1/2 Bund glatte Petersilie
2–3 Stängel Estragon
1 EL Kapern (in Salz eingelegt)
1 TL Fenchelsamen
8 EL Olivenöl
2 EL Orangensaft
Meersalz | Pfeffer

1. Die Mandeln in einer Pfanne ohne Fett bei kleiner Hitze hellbraun rösten, bis sie zu duften anfangen. Mandeln abkühlen lassen. Den Fenchel putzen und waschen. Das Fenchelgrün abzupfen. Den Fenchel längs halbieren, den Strunk herausschneiden. Fenchel mit dem Grün klein hacken.

2. Den Knoblauch schälen und grob hacken, die Oliven grob hacken. Petersilie und Estragon waschen, trocken schütteln, die Blättchen abzupfen und hacken.

3. Die Kapern in einem kleinen Sieb abspülen, abtropfen lassen und mit Fenchel, Knoblauch, Oliven, Kräutern, Fenchelsamen und Olivenöl in einen hohen Becher geben. Mit dem Pürierstab nicht zu fein pürieren. Die Mandeln unterrühren und die Paste mit Orangensaft, Meersalz und Pfeffer abschmecken. Die Fenchelpaste hält sich – mit etwas Olivenöl bedeckt – im Kühlschrank ca. 3 Tage frisch.

PFLAUMEN-OLIVEN-PASTE

FÜR 1 GLAS (CA. 300 ML INHALT)

Zubereitungszeit: ca. 15 Min.
Bei 10 Portionen pro Portion: ca. 70 kcal

4 entsteinte Backpflaumen
1–2 Knoblauchzehen
2–3 Stängel Basilikum
1 Zweig Rosmarin
150 g entsteinte schwarze Oliven
1 TL abgeriebene Bio-Orangenschale
4–5 EL sehr gutes Olivenöl
Meersalz | Pfeffer

1. Die Backpflaumen etwas kleiner schneiden. Den Knoblauch schälen und grob hacken. Basilikum und Rosmarin waschen, trocken schütteln und die Blättchen abzupfen bzw. Nadeln abstreifen.

2. Backpflaumen, Knoblauch, Kräuter, Oliven und Orangenschale in einen hohen Becher geben und mit dem Pürierstab nicht zu fein pürieren. Das Olivenöl nach und nach unterrühren und die Paste mit (wenig) Meersalz und Pfeffer abschmecken. Die Pflaumen-Oliven-Paste hält sich – mit etwas Olivenöl bedeckt – im Kühlschrank ca. 5 Tage frisch.

MEINE VARIANTE

Für die klassische Tapenade 200 g entsteinte schwarze Oliven mit 20 g Kapern (in Salz eingelegt, abgespült und abgetropft), 1–2 Sardellen (in Öl eingelegt), 1 Knoblauchzehe und ca. 6 EL Olivenöl pürieren und mit Pfeffer würzen.

GOUGÈRES

KLEINE KÄSEWINDBEUTEL

Genauso schnell, wie die kleinen Knusperhäufchen gebacken sind, sind sie auch weggeknabbert – frisch und am besten noch ofenwarm schmecken sie aber auch einfach wunderbar …

FÜR CA. 50 STÜCK

Zubereitungszeit: ca. 30 Min.
Backzeit: 18–20 Min.
Pro Stück: ca. 30 kcal

75 ml Milch
60 g Butter
Meersalz
110 g Weizenmehl (Type 405)
60 g würziger Hartkäse
(z. B. Comté, Gruyère)
3 Eier (Größe M)
Fleur de Sel zum Bestreuen

Außerdem:
Spritzbeutel mit mittlerer Lochtülle
Backpapier
Sesam-, Mohn-, Schwarzkümmel- oder Kreuzkümmelsamen zum Bestreuen

1. Für die Brandmasse die Milch, 75 ml Wasser, die Butter und 1/2 TL Meersalz aufkochen. Den Topf vom Herd nehmen, das Mehl auf einmal hineinschütten. Sofort mit einem Kochlöffel kräftig rühren und den Topf wieder auf den Herd stellen. Die Masse bei mittlerer Hitze rühren, bis sie glatt ist und sich am Topfboden ein weißlicher Belag gebildet hat.

2. Die Masse in eine Schüssel umfüllen. Den Käse fein reiben und unterrühren. Ein Ei nach dem anderen jeweils gründlich mit den Knethaken des Handrührgeräts unterrühren, sodass eine glatte, glänzende Teigmasse entsteht.

3. Den Backofen auf 200° vorheizen. Den Teig in einen Spritzbeutel mit mittlerer Lochtülle füllen. Zwei Backbleche mit Backpapier belegen. Mit etwas Abstand ca. 50 kleine Teighäufchen daraufspritzen. Bilden sich Spitzen, diese mit dem Finger etwas flach drücken. (Sie würden sonst rasch zu dunkel werden.)

4. Die Teighäufchen mit etwas Sesam, Mohn, Schwarzkümmel oder Kreuzkümmel sowie mit etwas Fleur de Sel bestreuen. Im Ofen (Mitte) nacheinander in 18–20 Min. goldbraun backen, dabei die Ofentüre in den ersten Minuten nicht öffnen! (Die Teighäufchen würden sonst zusammenfallen.) Gougères herausnehmen und auf einem Kuchengitter auskühlen lassen.

VERRINE DE POIVRONS

PAPRIKAVERRINE

Schick in einem kleinen Glas (französisch: verre*) serviert und mit einem wunderbar würzigen Oliven-Topping gekrönt, präsentiert sich die Paprika-Frischkäse-Creme gästefein für den* apéro.

FÜR 8 PORTIONEN

Zubereitungszeit: ca. 1 Std. 10 Min.
Pro Portion: ca. 150 kcal

Für die Paprikacreme:
750 g rote Paprikaschoten
2 EL Tomatenmark
1 kleine Knoblauchzehe
150 g Frischkäse (Doppelrahmstufe)
1 EL Zitronensaft
Meersalz
Cayennepfeffer

Für das Oliven-Topping:
30 g Pinienkerne
2 EL milde entsteinte schwarze Oliven
1 EL Kapern (+ 1 EL Kapernsud)
9 kleine Zweige Thymian
2 EL sehr gutes Olivenöl
Meersalz | Pfeffer

Außerdem:
1 TL Öl für das Blech

1. Den Backofen auf 220° vorheizen. Die Paprika waschen, halbieren, putzen und mit der Schnittseite nach unten auf ein mit Öl bestrichenes Blech legen. Im Ofen (Mitte) 15–20 Min. backen, bis die Haut schwarz wird und Blasen wirft. Herausnehmen, in einen Tiefkühlbeutel geben und abkühlen lassen.

2. Die Paprika häuten und mit dem Tomatenmark in einen hohen Becher geben. Den Knoblauch schälen und dazugeben. Alles mit dem Pürierstab fein pürieren. Den Frischkäse unterrühren und alles mit Zitronensaft, Meersalz und Cayennepfeffer abschmecken. In kleine Gläser füllen und abgedeckt kalt stellen.

3. Für das Topping die Pinienkerne in einer Pfanne ohne Fett bei kleiner Hitze rösten, bis sie Farbe annehmen und zu duften anfangen. Die Oliven und die Kapern fein hacken. Den Thymian waschen und trocken schütteln, ca. 1 TL Blättchen von 1 Thymianzweig abstreifen. Die Blättchen mit den Pinienkernen, den Oliven, den Kapern, dem Olivenöl und 1 EL Kapernflüssigkeit verrühren. Alles mit Meersalz und Pfeffer abschmecken.

4. Zum Servieren das Oliven-Topping auf die Paprika-Frischkäse-Creme geben. Die Paprikaverrinen mit den übrigen Thymianzweigen garnieren und sofort servieren.

NIDS DE TARTIFLETTE

KÄSE-KARTOFFEL-NESTER

Die Mischung aus goldgelben Kartoffeln und dem kräftigem Käse aus den Savoyer Alpen bereite ich gerne in Portionsförmchen zu – ein herrlich deftiger Wintergenuss! Übrigens: Die »Nester« schmecken auch ohne Speck hervorragend, der Käse alleine sorgt schon für reichlich Würze.

FÜR 6 PORTIONEN

Zubereitungszeit: ca. 45 Min.
Backzeit: 20–25 Min.
Pro Portion: ca. 395 kcal

1 Zwiebel
1 Knoblauchzehe
125 g durchwachsener Räucherspeck
600 g Kartoffeln (am besten eine vorwiegend festkochende Sorte)
2 EL neutrales Öl
1–2 TL Thymianblättchen
100 ml trockener Weißwein oder Rinderbrühe
Meersalz | Pfeffer
150 g Crème fraîche
125 g Reblochon-Käse

Außerdem:
6 ofenfeste Portionsförmchen (à ca. 150 ml Inhalt)
Butter für die Förmchen

1. Die Zwiebel und die Knoblauchzehe schälen und fein würfeln. Den Speck in kleine Würfel schneiden. Die Kartoffeln schälen und in ca. 1 cm kleine Würfel schneiden. Das Öl in einer beschichteten Pfanne erhitzen und die Speck- und Kartoffelwürfel darin ca. 5 Min. anbraten, bis der Speck knusprig ist.

2. Die Zwiebelwürfel dazugeben und alles weitere 5 Min. anbraten, bis die Kartoffeln leicht gebräunt sind. Thymian und Knoblauch unterrühren und alles mit Weißwein oder Brühe ablöschen. Kurz einkochen, dann mit Meersalz und Pfeffer würzen.

3. Die Pfanne vom Herd nehmen. Die Crème fraîche unter die Kartoffelmischung rühren. Den Käse (unbedingt mitsamt der Rinde, die gibt ordentlich Würze!) in kleine Würfel schneiden und zwei Drittel davon unterrühren.

4. Den Backofen auf 200° vorheizen. Die Förmchen einfetten, die Kartoffelmischung hineinfüllen und den übrigen Käse darauf verteilen. Im Ofen (unten) in 20–25 Min. knusprig-hellbraun backen. Heiß in den Förmchen servieren!

MEIN BEILAGENTIPP

Zu solch einer deftigen Vorspeise schmeckt mir ein knackig-frischer Salat aus Endivie, Feldsalat oder Frisée und einer klassischen Essig-Öl-Vinaigrette.

SALADE D'ARTICHAUTS AUX NAVETS

ARTISCHOCKEN-RÜBCHEN-SALAT

Auch wenn die zarten navets, *Mairübchen, mittlerweile fast das ganze Jahr über erhältlich sind, bereite ich diesen Gemüsesalat am liebsten im späten Frühjahr zu. Dann gibt es nämlich auch die kleinen Artischocken, die in Frankreich übrigens fein gehobelt auch roh gegessen werden.*

FÜR 4 PORTIONEN

Zubereitungszeit: ca. 45 Min.
Marinierzeit: ca. 30 Min.
Pro Portion: ca. 260 kcal

500 g Mairübchen (Navetten)
300 g möglichst dünne Möhren
6 kleine Artischocken
5 EL frisch gepresster Zitronensaft
Meersalz
1–2 Sardellen (in Salz eingelegt)
2 EL schwarze Oliventapenade (aus dem Glas oder selbst gemacht; siehe Variante Seite 39)
1–2 Knoblauchzehen
6–8 EL sehr gutes Olivenöl
Pfeffer
1/2 Bund Basilikum (am besten kleinblättriges oder rotes; siehe Tipp)

MEIN PRAXISTIPP

Besorgen Sie sich zu Beginn der Kräutersaison einen großen Topf des kleinblättrigen mediterranen Basilikums. Es schmeckt intensiver als seine großblättrigen Verwandten und wächst dankbar an einem sonnigen Platz auf Balkon oder Terrasse.

1. Die Mairübchen waschen, putzen, dünn schälen und in dicke Spalten schneiden. Die Möhren putzen, schälen und evtl. längs halbieren. Die Artischocken putzen. Dafür den Artischockenstiel mit einem großen Messer ca. 5 cm unterhalb der Blüte abschneiden. Den Stiel mit einem kleinen Küchenmesser dünn schälen. Die harten äußeren Blätter der Artischocken ablösen, die Spitzen der übrigen Blätter mit einer Küchenschere großzügig abschneiden. Die Artischocken vierteln und mit 1 EL Zitronensaft beträufeln.

2. In einem Topf Salzwasser aufkochen. Die Möhren hineingeben und 2 Min. kochen, dann die Rübchen hinzufügen und zusammen in 1–2 Min. bissfest blanchieren. Mit einem Schaumlöffel herausnehmen, in ein Sieb geben und kalt abschrecken. Die Artischocken ins Kochwasser geben und ca. 5 Min. blanchieren, in das Sieb geben, kalt abschrecken und abtropfen lassen.

3. Für die Vinaigrette die Sardellen in einem kleinen Sieb abspülen, abtropfen lassen, mit einer Gabel zerdrücken und mit übrigem Zitronensaft und der Tapenade verrühren. Den Knoblauch schälen und dazupressen. Das Olivenöl unterschlagen und die Sauce mit Pfeffer abschmecken. Das Gemüse mit der Sauce mischen und mit Frischhaltefolie abgedeckt mindestens 30 Min. durchziehen lassen.

4. Vor dem Anrichten den Salat abschmecken und evtl. mit Meersalz nachwürzen. Basilikum waschen, trocken schütteln, die Blättchen etwas kleiner zupfen und darüberstreuen.

SALADE DE TOMATES AUX FRUITS

FRUCHTIGER TOMATENSALAT

Ganz einfach und zugleich üppig kommt er daher, schmeckt nach Süden, Hitze und Sommerurlaub. Aber greifen Sie unbedingt zu aromatischen Tomaten und reifen Früchten, sonst haben Sie nur das halbe Vergnügen.

FÜR 4 PORTIONEN

Zubereitungszeit: ca. 25 Min.
Marinierzeit: ca. 20 Min.
Pro Portion: ca. 300 kcal

2 EL Pinienkerne
Meersalz
600 g aromatische Tomaten
2 reife Pfirsiche
1/2 reife Charentais-Melone
4 EL frisch gepresster Zitronensaft
1–2 TL Piment d'Espelette (ersatzweise Chiliflocken)
4 EL sehr gutes Olivenöl
150 g fester Ziegenfrischkäse (Ziegenrolle)
3–4 Stängel Minze
3–4 Stängel Basilikum (am besten kleinblättriges oder rotes)

1. Die Pinienkerne in einer Pfanne ohne Fett bei kleiner Hitze goldbraun rösten, leicht salzen und beiseitestellen.

2. Die Tomaten und die Pfirsiche waschen und trocken tupfen. Die Tomaten in Scheiben schneiden oder halbieren, die Pfirsiche in Spalten schneiden. Die Melonenhälfte entkernen, schälen und in dünne Spalten schneiden.

3. Tomaten, Pfirsiche und Melonen auf einer großen Platte anrichten. Den Zitronensaft, 1 kräftige Prise Meersalz, Piment d'Espelette und das Olivenöl verquirlen und auf dem Salat verteilen. Den fruchtigen Salat ca. 20 Min. durchziehen lassen.

4. Zum Servieren den Ziegenkäse in Stückchen bröckeln und auf dem Salat verteilen. Minze und Basilikum waschen, trocken schütteln, die Blättchen abzupfen, etwas kleiner zupfen und mit den Pinienkernen über den Salat streuen.

MEINE VARIANTE

Der Salat schmeckt auch toll mit leicht getrockneten Ofentomaten! Dafür die Tomaten halbieren, auf einem Blech mit 4 EL Olivenöl beträufeln, mit 2 TL Zucker, 1/2 TL Meersalz und Pfeffer bestreuen. Bei 120° ca. 3 Std. garen, bis sie außen getrocknet, im Innern aber noch saftig sind.

AU MARCHÉ: EINKAUFEN WIE IN FRANKREICH

Unser erster »Ausflug« nach einem anstrengenden Umzug ging auf den Wochenmarkt, in Fahrradreichweite entfernt von unserem neuen Zuhause. Noch waren nicht alle Kisten ausgepackt, doch eine kleine Auszeit auf dem samstäglichen Markt wollten wir uns gönnen. Beim Anblick der vielen Stände staunten wir nicht schlecht über die üppigen Auslagen und die tolle Atmosphäre.

»Das ist ja wie in Frankreich«, rief eine unserer Töchter begeistert und traf damit genau das, was wir alle empfanden. Der sonnige Sommertag trug bestimmt auch viel zu diesem spontanen Ausruf und unserem Glücks- und Urlaubsgefühl bei. Trotz des Tohuwabohus in unserem neuen Zuhause genossen wir die Fülle der Auslagen und die freundlichen Händler und kauften so beschwingt ein, dass wir Mühe hatten, unsere vielen Einkäufe auf den Fahrrädern zu verstauen.

In Frankreich lassen wir kaum einen Markttag aus. Dort stöbern wir nach Herzenslaune nach regionalen Spezialitäten, probieren uns durch würzig-duftende Honigsorten, naschen von den deftigen lokalen Wurst- und Geflügelspezialitäten der *producteurs de la ferme* und spülen *pâté* und *jambon* hinterher mit einem Gläschen *vin blanc* (Monsieur und ich) oder einer Orangina (unsere Mädchen) hinunter. Denn die Einkehr im Marktcafé muss sein. Nach dem vielen Probieren haben wir uns das schließlich verdient!

Das Ritual des samstäglichen Markteinkaufes haben wir beibehalten. Wie schön, dass wir auf »unserem« Wochenmarkt solch eine tolle Auswahl vorfinden! Mehrere Biohändler bieten Gemüse, Früchte und Brot. Beim größten rollenden Käsehändler Hamburgs bekomme ich mehr, als mein Käseherz begehrt. Längere Wartezeiten nehme ich an den Ständen gern in Kauf. Denn so komme ich einerseits in den Genuss vieler Informationen, andererseits werde ich mit »Möchten Sie auch einmal probieren?«-Appetithappen versorgt, die stets dafür sorgen, dass ich mit weitaus mehr Köstlichkeiten als vorgesehen nach Hause komme.

FEINES AUS DER REGION

Bei den Bauern aus den umliegenden Obst- und Gemüseanbaugebieten erstehen wir heimische Äpfel und Birnen. Vorher gehört das Probieren der verschiedenen Sorten unbedingt dazu. Und ein reif gepflückter Apfel aus der Region steht in krassem Gegensatz zum Einheitsapfel aus dem Supermarkt, der, gewachst für längere Haltbarkeit, häufig überlagert und fad im Geschmack ist. Beim Blumenhändler kann ich noch rasch einen Arm frischer duftender Rosen für den Esstisch mitnehmen. Und auch Stände mit Gewürzen aus aller Welt, Fisch-, Fleisch- und Geflügelhändler sowie das nette Marktcafé tragen dazu bei, dass unser samstäglicher Marktgang weit mehr ist als ein bloßer Einkauf.

MEIN WOCHENENDVERGNÜGEN:
GENUSSVOLLER EINKAUF
AUF DEM WOCHENMARKT!

ASPERGES VERTES AUX COQUILLES SAINT JACQUES

GRÜNER SPARGEL MIT JAKOBSMUSCHELN

Die milden, leicht süßlich schmeckenden Pilgermuscheln werden in Frankreich häufig mitsamt ihrem corail, *dem roten Rogensack, angeboten. Der sieht sehr schön aus, der intensive Meeresgeschmack ist (das muss ich gestehen) allerdings nicht ganz so meine Sache.*

FÜR 4 PORTIONEN

Zubereitungszeit: ca. 1 Std.
Pro Portion: ca. 370 kcal

1 kg grüner Spargel
250 g Kirschtomaten | 1 Bio-Zitrone
2–3 Stängel Estragon
1–2 Knoblauchzehen
12 frische Jakobsmuscheln
(ausgelöst und geputzt, beim Fischhändler vorbestellen)
6 EL Olivenöl | Meersalz
Piment d'Espelette
(ersatzweise Chiliflocken; siehe Tipp)
150 ml trockener Weißwein
4 EL Pastis (Anisaperitif; nach Belieben)
1 EL Butter | Pfeffer
Mehl zum Bestäuben

MEIN GEWÜRZTIPP

Piment d'Espelette sind feine, mildaromatische Chiliflocken mit süßlich-rauchigem Aroma. Sie stammen aus der Region um den kleinen Ort Espelette im französischen Baskenland und werden dort alljährlich im Herbst bei der Fête du Piment *gebührend gefeiert. Sie können die Chiliflocken im Feinkostladen oder bei Händlern im Internet kaufen.*

1. Den Spargel waschen, die Enden abschneiden und das untere Drittel der Spargelstangen dünn schälen. Die Tomaten waschen und trocken tupfen. Die Zitrone heiß waschen, trocken tupfen und halbieren. Die Schale von einer Hälfte fein abreiben und den Saft auspressen. Die andere Hälfte in dünne Scheiben schneiden.

2. Den Estragon waschen, trocken schütteln und die Spitzen abstreifen. Den Knoblauch schälen und fein hacken. Die Jakobsmuscheln kalt waschen und gut trocken tupfen.

3. In einer Pfanne 4 EL Olivenöl erhitzen. Die Spargelstangen hineingeben und darin rundherum ca. 4 Min. anbraten. Knoblauch, Zitronenscheiben und Tomaten dazugeben und 1–2 Min. mit anbraten, bis die Tomaten aufplatzen. Mit Meersalz, Piment d'Espelette und Zitronenschale würzen, mit Weißwein, Zitronensaft und Pastis ablöschen und die Pfanne vom Herd nehmen.

4. Die Jakobsmuscheln dünn mit Mehl bestäuben und das überschüssige Mehl abklopfen. Das übrige Öl und die Butter in einer zweiten Pfanne erhitzen. Die Jakobsmuscheln darin in insgesamt ca. 3 Min. bei mittlerer Hitze hellbraun anbraten (so sind sie im Innern noch leicht glasig und keinesfalls zäh), salzen und pfeffern. Den noch leicht warmen Spargel und die Jakobsmuscheln zusammen anrichten und mit den Estragonspitzen bestreuen.

5
4
3
2

SOUPE AU PISTOU

GEMÜSESUPPE MIT PISTOU

Ein Teller voller Gemüse, das Ganze gekrönt von einem Klecks Pistou, ein Stück Baguette zum Auftunken des letzten Suppenrestes – das ist ein echtes Sommervergnügen, vor allem, wenn das Gemüse aus eigener Ernte stammt.

FÜR 4 PORTIONEN

Zubereitungszeit: ca. 1 Std. 20 Min.
Pro Portion: ca. 570 kcal

Für das Pistou:
1 großes Bund Basilikum
2–4 Knoblauchzehen
Meersalz
80 ml sehr gutes Olivenöl

Für die Suppe:
3 Tomaten
1 große Zwiebel
200 g feine grüne Bohnen
2 Stangen Staudensellerie
2 große Möhren
2 große Kartoffeln
1 dünne Stange Lauch
1 kleiner Zucchino
3 EL Olivenöl
ca. 1,5 l Gemüsebrühe
2–3 Zweige Thymian
2 Lorbeerblätter | Meersalz
100 g kleine Suppennudeln
1 kleine Dose weiße Bohnen (240 g Abtropfgewicht)
Pfeffer

Außerdem:
geriebener würziger Hartkäse zum Servieren (z. B. Comté, Gruyère; nach Belieben)

1. Für das Pistou das Basilikum waschen, trocken schütteln und die Blätter abzupfen. Den Knoblauch schälen und grob hacken. Das Basilikum mit dem Knoblauch, 1 Prise Meersalz und dem Olivenöl in einen hohen Becher geben und mit dem Pürierstab nicht zu fein pürieren. Pistou beiseitestellen.

2. Für die Suppe die Tomaten über Kreuz einschneiden, überbrühen, kurz stehen lassen, häuten, entkernen und grob hacken. Die Zwiebel schälen und fein würfeln.

3. Das übrige Gemüse waschen und putzen. Die grünen Bohnen halbieren. Den Staudensellerie in Scheibchen schneiden. (Das Grün klein schneiden und beiseitelegen.) Die Möhren und die Kartoffeln schälen und grob würfeln. Den Lauch in fingerbreite Ringe, den Zucchino in kleine Würfel schneiden.

4. In einem großen Topf das Olivenöl erhitzen und die Zwiebelwürfel darin glasig dünsten. Alle Gemüsesorten außer den Tomaten hinzufügen, die Gemüsebrühe dazugießen. Die Thymianzweige waschen und mit den Lorbeerblättern dazugeben. Alles aufkochen und 5 Min. offen kochen.

5. In einem zweiten Topf Salzwasser für die Nudeln aufkochen, die Nudeln hineingeben und in etwas kürzerer Zeit, als auf der Packung angegeben, sehr bissfest kochen. In ein Sieb abgießen und kalt abschrecken. Die weißen Bohnen auf einem Sieb abbrausen und abtropfen lassen. Weiße Bohnen, Nudeln und Tomaten zur Suppe geben und die Suppe weitere 5 Min. kochen.

6. Die Suppe abschmecken und mit Meersalz und Pfeffer würzen. Die Hälfte des Pistous unterrühren. Suppe mit dem übrigen Pistou servieren. Nach Belieben mit geriebenem Käse bestreut servieren.

SALADE DE LENTILLES

LINSENSALAT

Während sich normalerweise knusprig gebratene Wurst auf den Linsen tummelt, kommt meine Variante als Feinschmeckerausgabe des Lyoner Bistroklassikers daher – unbedingt ausprobieren!

FÜR 4 PORTIONEN

Zubereitungszeit: ca. 1 Std. 20 Min.
Marinierzeit: mind. 1 Std.
Pro Portion: ca. 590 kcal

Für den Linsensalat:
1 Zwiebel | 1–2 Knoblauchzehen
8 EL Olivenöl | 200 g Le-Puy-Linsen
1–2 Lorbeerblätter
2 große Möhren | 150 g Knollensellerie
Meersalz | 6 EL Aceto balsamico
1 TL Dijonsenf | 1 TL körniger Senf
1/2 Bund Petersilie
3–4 Zweige Thymian | Pfeffer

Für die Entenbrust:
2 kleine Entenbrustfilets à ca. 250 g
1 Handvoll Räuchermehl
(Buche oder Eiche; siehe Tipp)
Meersalz | Pfeffer
alter Aceto balsamico zum Anrichten

Außerdem:
Bräter mit passendem Gitter und gut schließendem Deckel | Backpapier

MEIN PRAXISTIPP

Räuchermehl bekommen Sie im Anglergeschäft oder bei Ihrem Metzger.

1. Für den Linsensalat Zwiebel und Knoblauch schälen und fein würfeln. 2 EL Öl erhitzen, Zwiebel und Knoblauch darin 2 Min. andünsten. Linsen, 750 ml Wasser und Lorbeer hinzufügen und aufkochen. Die Linsen bei kleiner Hitze in ca. 20 Min. gar, aber nicht weich kochen. Linsen in ein Sieb abgießen und abtropfen lassen.

2. Inzwischen die Möhren und den Sellerie putzen, schälen und fein würfeln. In reichlich kochendem Salzwasser in 1 Min. bissfest blanchieren. In ein Sieb abgießen, kalt abschrecken und abtropfen lassen. Mit den Linsen in einer Schüssel mischen. Den Balsamico mit beiden Senfsorten und übrigem Öl verrühren. Die Kräuter waschen und trocken schütteln. Die Blättchen abstreifen, grob hacken und mit der Vinaigrette unter die Linsen mischen. Alles mit Meersalz und Pfeffer abschmecken und mindestens 1 Std. ziehen lassen.

3. Die Entenbrustfilets trocken tupfen, die Haut rautenförmig einschneiden. Einen Bräter am Boden mit Alufolie auslegen, das Räuchermehl darauf verteilen. Das in den Bräter passende Gitter mit Alufolie abdecken und in den Bräter legen. Den Deckel auflegen. Den Bräter zugedeckt auf dem Herd bei großer Hitze so lange erhitzen, bis das Räuchermehl stark raucht (Küchenfenster öffnen!). Dann den geschlossenen Topf ins Freie stellen. Den Deckel abnehmen, die Entenbrüste auf das Gitter legen und den Deckel rasch wieder auflegen. Die Entenbrüste ca. 15 Min. räuchern.

4. Inzwischen den Backofen auf 180° vorheizen. Ein Backblech mit Backpapier belegen. Die Entenbrüste darauflegen und mit Meersalz und Pfeffer würzen. Im Ofen (Mitte) ca. 12 Min. garen. Um zu prüfen, ob das Fleisch gar ist, machen Sie die Daumenprobe: Es sollte bei Fingerdruck in der Mitte nachgeben und zum Rand hin deutlich fester werden. Fleisch herausnehmen, in Alufolie wickeln und 5 Min. ruhen lassen. Dann in dünne Scheiben schneiden und mit dem Linsensalat und einigen Tropfen altem Balsamico anrichten.

TARTE TATIN AUX POIVRONS

PAPRIKA-TARTE TATIN

Nachdem ich bei der Zubereitung einer Tomatentarte tatin einmal Teig übrig hatte, improvisierte ich damit eine Paprika-Tarte tatin – sehr zur Freude unserer jüngeren Tochter, die bis heute Tomaten nur in Form von Suppe und Saucen akzeptiert.

FÜR 1 TARTEFORM MIT FESTEM BODEN (26 CM Ø)

Zubereitungszeit: ca. 55 Min.
Backzeit: ca. 35 Min.
Bei 8 Stücken pro Stück: ca. 275 kcal

Für den Mürbeteig:
200 g Weizenmehl (Type 405)
100 g kalte Butter | Meersalz

Für den Belag:
700 g rote Paprikaschoten
4 EL Olivenöl | Meersalz | Pfeffer
1–2 Knoblauchzehen
3 EL Aceto balsamico
2 EL kräftiger Honig
(z. B. Garrigue- oder Heidehonig)
1 EL Rosmarinnadeln
2 TL Kapern (in Salz eingelegt; nach Belieben)
2 EL schwarze Oliven

Außerdem:
Mehl zum Arbeiten

1. Für den Mürbeteig das Weizenmehl, die kalte Butter in Flöckchen, 1/2 TL Meersalz und 2–3 EL eiskaltes Wasser rasch zu einer glatten Teigkugel verkneten. In Frischhaltefolie wickeln und 30 Min. im Kühlschrank ruhen lassen.

2. Inzwischen die Paprikaschoten waschen, trocken tupfen, jeweils einen »Deckel« abschneiden und die Samen und Trennwände herauslösen. Die Paprika quer in knapp 1 cm breite Ringe schneiden.

3. In einer Pfanne das Olivenöl erhitzen. Die Paprikaringe darin ca. 5 Min. andünsten und mit etwas Meersalz und Pfeffer würzen. Knoblauch schälen, in feine Scheibchen schneiden und dazugeben. Alles mit Balsamico ablöschen und den Honig darüberträufeln. Die Paprikaringe kurz karamellisieren, dann möglichst gleichmäßig und dekorativ in der Tarteform verteilen.

4. Den Rosmarin hacken. Die Kapern, falls verwendet, in einem kleinen Sieb abspülen, abtropfen lassen und mit dem Rosmarin und den Oliven auf den Paprikaringen verteilen.

5. Den Backofen auf 200° vorheizen. Den Teig auf wenig Mehl in Größe der Form ausrollen und über die Paprika legen, dabei die Teigränder in die Form biegen. Den Teig mit einer Gabel mehrmals einstechen. Im Ofen (Mitte) ca. 35 Min. backen, bis der Teig goldbraun ist. Aus dem Ofen nehmen. Eine Kuchenplatte auf die Tarteform legen und die Tarte daraufstürzen (Vorsicht, dabei kann etwas heißer Sud herauslaufen!). Die Tarte heiß servieren.

MEIN PRAXISTIPP

Wenn es schnell gehen muss, können Sie diese Tarte auch mit TK-Blätterteig zubereiten.

TERRINE D'AGNEAU

LAMMTERRINE

Diese Terrine bereite ich, immer wieder mal etwas abgewandelt, schon seit vielen Jahren zu. Die folgende Variante liebe ich besonders wegen des nordafrikanischen Einschlags – Pistazien, Ras el Hanout und Trockenfrüchte geben hier den Ton an!

FÜR 1 TERRINENFORM (1,5 L INHALT)

Zubereitungszeit: ca. 1 Std.
Garzeit: ca. 1 Std. 15 Min.
Kühlzeit: ca. 12 Std.
Bei 20 Scheiben pro Scheibe: ca. 245 kcal

200 g Schalotten
2–3 Knoblauchzehen
1 EL Olivenöl
1 rote Paprikaschote
100 g getrocknete Feigen
100 g getrocknete Aprikosen
100 g fetter Speck in dünnen Scheiben
1 EL frische Thymianblättchen
50 g ungesalzene Pistazienkerne
700 g Lamm-Hackfleisch
2 Eier (Größe M)
100 g entsteinte schwarze Oliven
Meersalz | Pfeffer
2 TL Ras el Hanout
ca. 200 g durchwachsener Räucherspeck in dünnen Scheiben
1 kleiner Zweig Lorbeer (ersatzweise 3–4 Zweige Thymian)

1. Die Schalotten und den Knoblauch schälen und fein würfeln. Das Olivenöl erhitzen. Schalotten und Knoblauch darin bei kleiner Hitze in 2–3 Min. glasig dünsten und beiseitestellen. Die Paprika waschen, halbieren, putzen und in kleine Würfel schneiden. Die Feigen und die Aprikosen in kleine Würfel schneiden. Den fetten Speck in sehr kleine Würfel schneiden.

2. Die vorbereiteten Zutaten mit den Thymianblättchen, den Pistazien, dem Lamm-Hackfleisch, den Eiern und den Oliven in einer Schüssel mit den Händen gut vermischen. Die Masse (Farce) mit 1 1/2 TL Meersalz, Pfeffer und Ras el Hanout würzen.

3. Den Backofen auf 160° vorheizen. Die Terrinenform mit Alufolie auslegen, sodass die Folie an den langen Seiten großzügig übersteht. Die Räucherspeckscheiben so auf die Alufolie legen, dass die Scheiben leicht überlappen und die Enden überstehen. Die Lammfarce gut in die Form hineindrücken und die überstehenden Speckscheiben über die Farce klappen. Den Lorbeerzweig darauflegen. Die Enden der Alufolie darüberklappen und die Form mit einem Deckel oder mit Alufolie gut verschließen.

4. Die Terrinenform in eine größere Auflaufform stellen und diese bis kurz unter den Formrand mit heißem Wasser füllen. Die Lammterrine im Ofen (Mitte) ca. 1 Std. 15 Min. garen. Die Form aus dem Wasserbad nehmen, die Terrine ca. 1 Std. abkühlen lassen und dann über Nacht im Kühlschrank kalt stellen.

5. Am nächsten Tag die Terrine mithilfe der Alufolie aus der Form ziehen und auf ein Brett stürzen. Die Folie entfernen und die Terrine mit einem scharfen Messer in Scheiben schneiden. Die Lammterrine hält im Kühlschrank mindestens 4 Tage.

SALADE NIÇOISE AU THON

NIZZA-SALAT MIT THUNFISCH

Der Frage, ob »original« salade niçoise *Kartoffeln oder überhaupt Gekochtes enthalten darf, mag ich als Nicht-Französin nichts hinzufügen. Ich jedenfalls liebe diesen Salat mit Kartoffeln – ob das die vielen Jahre in Norddeutschland machen?*

FÜR 4 PORTIONEN

Zubereitungszeit: ca. 1 Std.
Pro Portion: ca. 620 kcal

Für den Salat:

4 mittelgroße festkochende Kartoffeln (am besten neue Kartoffeln mit dünner Schale)
Meersalz
200 g feine grüne Bohnen
3 Eier (Größe M)
1/2 Römer- oder Bataviasalat
100 g Kirschtomaten
1 Schalotte
4–6 Sardellen (in Salz eingelegt)
3–4 Stängel Basilikum (am besten kleinblättriges)
50 g kleine schwarze Oliven
2 EL Olivenöl
2 Scheiben Thunfischfilet à ca. 200 g
Pfeffer

Für die Vinaigrette:

1–2 Knoblauchzehen
2 EL Rotweinessig
1 EL frisch gepresster Zitronensaft
1 TL körniger Senf
1/2 TL Dijonsenf
Meersalz | Pfeffer
ca. 8 EL sehr gutes Olivenöl

1. Die Kartoffeln gründlich abbürsten und in etwas Salzwasser in 15–20 Min. gar (aber nicht zu weich) kochen. Abgießen und ausdampfen lassen. Die Bohnen putzen und in kochendem Salzwasser in ca. 8 Min. bissfest garen. Bohnen in ein Sieb abgießen, kalt abschrecken und abtropfen lassen. Die Eier in ca. 10 Min. hart kochen, kalt abschrecken und pellen.

2. Den Salat putzen, waschen und trocken schleudern. Die Kirschtomaten waschen, trocken tupfen und halbieren. Die Schalotte schälen und in feine Ringe schneiden.

3. Für die Vinaigrette den Knoblauch schälen. Essig, Zitronensaft, beide Senfsorten, 1 kräftige Prise Meersalz und Pfeffer verrühren, Knoblauch dazupressen. Das Öl in dünnem Strahl unterrühren, bis eine cremige Sauce entstanden ist.

4. Für den Salat die Kartoffeln etwas kleiner schneiden, die Eier in große Stücke schneiden. Die Sardellen in einem kleinen Sieb abspülen, trocken tupfen und kleiner schneiden. Basilikum waschen und trocken schütteln, die Blätter abzupfen.

5. Die Salatblätter etwas kleiner zupfen und mit Kartoffeln, Eiern, Bohnen, Tomaten, Sardellen, Schalottenringen und Oliven anrichten. Die Sauce darüberträufeln und das Basilikum darüberstreuen.

6. In einer Pfanne das Öl erhitzen. Den Thunfisch kalt waschen, trocken tupfen und von beiden Seiten je 1–1 1/2 Min. kräftig anbraten, sodass er außen gut gebräunt, im Innern aber noch glasig ist. (Wer ihn lieber stärker durchgebraten mag, brät ihn 1–2 Min. länger.) Den Thunfisch mit Meersalz und Pfeffer würzen und aus der Pfanne nehmen. Thunfisch halbieren und auf dem Salat anrichten.

MA SOUPE DE POISSON: MEINE FISCHSUPPE

»Nur eine einfache Fischsuppe« wollten wir unseren Gästen vor ein paar Jahren anlässlich meines Geburtstages anbieten. Wir planten kein aufwendiges Essen, keine große Kocherei. Die Kinder waren klein, die Zeit war entsprechend knapp, sodass nichts gegen einen großen Topf dampfender Fischsuppe sprach – Hauptsache, viele liebe Freunde würden wieder einmal zusammengetrommelt und um den Esstisch versammelt.

Mit einer groben Vorstellung, wie unsere Suppe schmecken sollte, fuhren wir zur Großen Elbstraße. Dort, in Hafennähe, sind alle Fischimporteure und -händler Hamburgs versammelt, die allerbeste Möglichkeit also, an frischen Mittelmeerfisch zu gelangen. Nach etwas Fachsimpelei mit dem Fischhändler gingen wir mit schweren Tüten bepackt aus dem Laden, besorgten unterwegs noch Safran, verschiedene Gemüse und Wein und fuhren dann nach Hause. Der extragroße Topf aus dem Keller wurde heraufgeholt, doch – wer hätte das gedacht? – selbst darin ließen sich die sperrigen Karkassen, Fischköpfe und -abschnitte nicht unterbringen. Gekocht wurde also in mehreren Etappen, was deutlich mehr Zeit als ursprünglich vorgesehen in Anspruch nahm.

SUPPE MIT HINDERNISSEN

Das Passieren der Suppe war ebenfalls viel schwieriger als erwartet: Denn auch nach dem Kochen waren Karkassen & Co. nicht wesentlich weniger sperrig als davor. In mehreren Anläufen bekamen wir aber auch diesen Schritt der Zubereitung gelöst.

Doch die Enttäuschung war groß, als sich nach dem zeitaufwendigen Passieren nur noch eine kleine Menge Suppe im Topf vorfand – viel zu wenig, um damit die große Gästeschar zu bewirten. Auch das Aroma war nicht das, was wir aus unseren Frankreichurlauben in Erinnerung hatten: zu wässrig die Suppe, zu wenig kräftig der Geschmack. Dagegen machte sich im ganzen Haus ein überaus intensiver Fischgeruch breit … Wir »verlängerten« unsere Suppe mit Wein, Fischfond und Wasser, würzten immer wieder nach, schmeckten ab, bis wir irgendwann halbwegs zufrieden waren. Nein, das war kein »schnelles Süppchen« und hatte auch nicht viel Ähnlichkeit mit einer kräftigen Fischsuppe wie am Mittelmeer, aber mit einem großen Löffel dicker Rouille, knusprigem Baguette und dem ein oder anderen Gläschen Wein machte sie uns und unsere Gäste zufrieden und satt.

Wenn ich heute die Suppe zubereite, fische ich zuerst die groben Fischabfälle aus dem Suppentopf und lasse sie sehr gut abtropfen. Den Rest der Suppe drehe ich durch die Passiermühle, wie die aus Babybrei-Tagen lieb gewordene Flotte Lotte offiziell heißt. So erhält man am meisten »Dickes«, was für den Geschmack, aber vor allem auch für die Konsistenz der Suppe von Vorteil ist – damit sind die Zeiten der dünnen Fischsuppe ein für alle Mal vorbei. Gästen serviere ich die Suppe gerne mit gebratenem Fischfilet, am liebsten nehme ich Mittelmeerfische wie Rotbarbe, Knurrhahn, Petersfisch oder auch Seeteufel.

KEINE SCHNELLE KÜCHE,
ABER MITTELMEERAROMA SATT!

MA SOUPE DE POISSON

MEINE FISCHSUPPE

Bald jedes Dorf an der Mittelmeer- oder bretonischen Küste hat ein eigenes Fischsuppenrezept. Meine Version bekommt einen deutlich südfranzösischen Einschlag durch den großzügigen Umgang mit aromatischen Kräutern, Gewürzen und Pastis.

FÜR 6 PORTIONEN

Zubereitungszeit: ca. 2 Std.
Pro Portion: ca. 430 kcal

Für die Fischsuppe:

2 Zwiebeln | 2–3 Knoblauchzehen
1 Fenchelknolle
1 dünne Stange Lauch
1 große Möhre | 200 g Kartoffeln
3 EL Olivenöl | 1/2 Bund Thymian
3 Lorbeerblätter
2 TL Fenchelsamen
1/4 TL Safranfäden
50 ml Pastis (Anisaperitif)
250 ml trockener Weißwein
2 kg Fischkarkassen und -abschnitte
1 Dose stückige Tomaten (400 g)
Meersalz | 2 TL edelsüßes Paprikapulver
1–2 EL Zitronensaft
1–2 TL Piment d'Espelette
(ersatzweise Chiliflocken)

Für die Rouille:

2 Scheiben Toastbrot
1–2 Knoblauchzehen
1/2–1 TL Piment d'Espelette
(ersatzweise Chiliflocken)
Meersalz
125 ml sehr gutes Olivenöl

Zum Servieren:

2–3 EL Butter
12 dünne Scheiben Baguette

1. Die Zwiebeln und den Knoblauch schälen und grob hacken. Fenchel, Lauch, Möhre und Kartoffeln putzen bzw. schälen, waschen und klein schneiden. Das Olivenöl in einem sehr großen Topf (ca. 7 l Inhalt) erhitzen. Zwiebeln, Knoblauch und das klein geschnittene Gemüse darin 5 Min. bei mittlerer Hitze andünsten. Den Thymian waschen und mit den Lorbeerblättern, Fenchelsamen und Safranfäden dazugeben und kurz mitdünsten. Alles mit Pastis ablöschen und den Weißwein dazugießen. Die Fischkarkassen und -abschnitte dazugeben. Die stückigen Tomaten, 2,5 l Wasser und 1/2 TL Meersalz hinzufügen und alles aufkochen. Bei kleiner Hitze im offenen Topf ca. 1 Std. köcheln lassen.

2. Inzwischen für die Rouille das Toastbrot entrinden, klein zupfen und mit 6 EL Fischfond (von der Fischsuppe abnehmen) bedeckt einweichen. Den Knoblauch schälen, zusammen mit Piment d'Espelette und 1/2 TL Meersalz im Mörser fein zerreiben und mit dem eingeweichten Brot in einen hohen Becher geben. Alles mit dem Pürierstab pürieren, dabei das Olivenöl zunächst tröpfchenweise, dann in dünnem Strahl unterrühren, sodass eine dicke Mayonnaise entsteht. Rouille mit Frischhaltefolie abgedeckt kalt stellen.

3. Die Fischsuppe durch ein grobes Sieb in einen zweiten Topf gießen, dabei die Rückstände im Sieb mit einem Löffelrücken durchstreichen. Die Suppe 10–20 Min. offen einkochen, bis sie die gewünschte Sämigkeit hat. Mit Meersalz, Paprikapulver, Zitronensaft und Piment d'Espelette abschmecken.

4. Zum Servieren die Butter in einer beschichteten Pfanne aufschäumen. Die Baguettescheiben darin von beiden Seiten kurz anrösten. Die Suppe erhitzen, 2 EL Rouille kräftig unterrühren. Dann die Suppe in Tellern anrichten und mit Piment d'Espelette bestreuen. Etwas Rouille auf die Baguettescheiben streichen und mit der restlichen Rouille zur Suppe servieren.

TARTE AUX TOMATES CERISES

KIRSCHTOMATENTARTE

Schön knusprig der Teig, unter den saftigen Tomaten der würzige provenzalische Dreiklang aus Knoblauch, Kapern und anchois, *den eingelegten und gereiften Sardellenfilets – diese Tarte ist ein tolles Entree für ein sommerliches Essen im Freien …*

FÜR 1 TARTEFORM (26 CM Ø)

Zubereitungszeit: ca. 1 Std.
Backzeit: ca. 40 Min.
Bei 8 Stücken pro Stück: ca. 360 kcal

Für den Mürbeteig:
250 g Weizenmehl (Type 405)
Meersalz | 120 g kalte Butter
25 g fein geriebener Parmesan
1 Ei (Größe M)

Für den Belag:
1–2 Knoblauchzehen
1 EL Kapern (in Salz eingelegt)
2–3 Sardellenfilets
(in Salz oder Öl eingelegt)
1 Glas getrocknete Tomaten
(in Öl eingelegt, 340 g,
180 g Abtropfgewicht)
2 EL Rosmarinnadeln
Pfeffer
ca. 600 g Kirschtomaten
Meersalz

Außerdem:
Fett für die Form
Mehl zum Arbeiten
Backpapier und getrocknete
Hülsenfrüchte zum Vorbacken

1. Für den Teig das Mehl und 1/2 TL Meersalz auf der Arbeitsfläche mischen. Die kalte Butter in Flöckchen daraufgeben und alles mit den Fingerspitzen zu feinen Streuseln verreiben. Parmesan, Ei und 2 EL eiskaltes Wasser dazugeben und alles rasch zu einer glatten Teigkugel verkneten. Den Mürbeteig in Frischhaltefolie wickeln und 30 Min. im Kühlschrank ruhen lassen.

2. Inzwischen für die Tomatenpaste den Knoblauch schälen und grob hacken. Die Kapern und die Sardellenfilets in einem kleinen Sieb abspülen und abtropfen lassen. Die getrockneten Tomaten abtropfen lassen, dabei 2 EL Öl auffangen.

3. Getrocknete Tomaten zusammen mit dem Knoblauch, 1 EL Rosmarinnadeln, den Kapern und den Sardellenfilets in einen hohen Becher geben und mit dem Pürierstab pürieren. Die Paste mit Pfeffer würzen. Die Kirschtomaten waschen und trocken tupfen.

4. Den Backofen auf 200° vorheizen. Die Tarteform einfetten. Den Teig auf wenig Mehl ausrollen, in die Form legen, dabei einen kleinen Rand formen. Den Teigboden mit einer Gabel mehrmals einstechen. Mit Backpapier und getrockneten Hülsenfrüchten belegen. Im Ofen (Mitte) 15 Min. vorbacken. Die Form aus dem Ofen nehmen. Backpapier und Hülsenfrüchte entfernen.

5. Die Tomatenpaste auf den Teigboden streichen und die Tomaten dicht an dicht darauf verteilen. Mit Meersalz und Pfeffer würzen und mit dem Öl von den eingelegten Tomaten beträufeln. Tarte mit übrigem Rosmarin bestreuen und weitere 20–25 Min. im Ofen (Mitte) backen. Herausnehmen und heiß oder lauwarm servieren.

SALADE D'ENDIVES AU LARD

ENDIVIENSALAT MIT SPECK

Nüsse, Speck und Käse machen aus dem Salat fast schon ein kleines Hauptgericht. Sie lieben es fruchtig? Geviertelte Feigen, Birnen- oder Apfelspalten oder halbierte Weintrauben schmecken auch gut darin!

FÜR 4 PORTIONEN

Zubereitungszeit: ca. 20 Min.
Pro Portion: ca. 575 kcal

1/2 Endiviensalat
1–2 Knoblauchzehen
3 EL Sherryessig
1 gehäufter TL Dijonsenf
1 TL Honig
Meersalz | Pfeffer
3 EL Haselnussöl
3–4 EL sehr gutes Olivenöl
2–3 Scheiben (altbackenes) Baguette
100 g durchwachsener Räucherspeck in Scheiben
1 EL Olivenöl
75 g Walnusskerne
100 g Roquefort oder anderer Blauschimmelkäse

1. Den Salat putzen, waschen und trocken schleudern. Für die Vinaigrette den Knoblauch schälen. Den Sherryessig mit dem Senf, dem Honig, 1 kräftigen Prise Meersalz und reichlich Pfeffer verrühren, den Knoblauch dazupressen. Das Haselnussöl und das sehr gute Olivenöl jeweils in dünnem Strahl unterrühren, bis eine cremige Salatsauce entstanden ist.

2. Das Baguette in kleine Stückchen brechen und den Speck in Streifen schneiden. In einer Pfanne das Öl zum Braten erhitzen. Die Speckstreifen hineingeben, kurz bei mittlerer bis großer Hitze knusprig anbraten und herausnehmen. Pfanne nicht säubern.

3. Die Nüsse grob zerkleinern. Im verbleibenden Bratfett die Brotstücke und Nüsse knusprig-hellbraun anbraten und herausnehmen.

4. Den Endiviensalat klein zupfen, mit der Vinaigrette mischen und auf Teller verteilen. Brot, Nüsse und Speck darauf verteilen und den Käse darüberkrümeln. Den Salat sofort servieren.

SOUPE À L'OIGNON GRATINÉE

GRATINIERTE ZWIEBELSUPPE

Ein Bistroklassiker par excellence! Manchmal bringe ich ihn zwar auch in Variationen auf den Tisch, etwa mit roten Zwiebeln, Lauch oder Speck zubereitet oder mit Ziegenkäse überbacken – das Original finde ich aber nach wie vor unübertroffen.

FÜR 4 PORTIONEN

Zubereitungszeit: ca. 55 Min.
Pro Portion: ca. 730 kcal

1 kg braune Zwiebeln
60 g Butter
2 EL neutrales Öl
2 EL Mehl
125 ml trockener Weißwein
1,25 l Rinderbrühe
1 Lorbeerblatt
2 TL Thymianblättchen
Meersalz
Cayennepfeffer
frisch geriebene Muskatnuss
8–12 Scheiben Baguette
150 g kräftiger Gruyère oder Bergkäse

1. Die Zwiebeln schälen, halbieren und in dünne Scheiben schneiden. Die Butter und das Öl in einem großen Topf erhitzen. Die Zwiebeln dazugeben und bei kleiner Hitze in 15–20 Min. langsam andünsten, bis sie goldbraun und weich sind.

2. Den Ofen auf 250° vorheizen. Die Zwiebeln mit Mehl bestäuben, verrühren, dann mit Weißwein ablöschen. Die Brühe, das Lorbeerblatt und die Thymianblättchen dazugeben. Alles aufkochen und ca. 10 Min. offen bei mittlerer Hitze kochen. Die Suppe mit Meersalz, Cayennepfeffer und Muskatnuss kräftig abschmecken und das Lorbeerblatt herausnehmen.

3. Die Brotscheiben im Backofen (oben) von beiden Seiten in je 1–2 Min. goldbraun rösten. Den Käse grob reiben.

4. Die Suppe auf vier hitzefeste Schalen verteilen und mit den Brotscheiben belegen. Brot mit dem Käse bestreuen. Im Backofen (Mitte) in ca. 2 Min. goldgelb überbacken und gleich servieren.

TERRINE PROVENÇALE AUX AUBERGINES

PROVENZALISCHE AUBERGINENTERRINE

Diese feine Vorspeise schmeckt wunderbar im Hochsommer mit sonnenverwöhntem Gemüse aus dem Freiland. Dazu serviere ich gern aromatische Oliven und knuspriges Baguette. Auch eine Karaffe gekühlter Rosé darf nicht fehlen – c'est délicieux!

FÜR 1 TERRINENFORM (1,5 L INHALT)

Zubereitungszeit: ca. 1 Std. 30 Min.
Kühlzeit: ca. 12 Std.
Bei 8 Stücken pro Stück: ca. 155 kcal

1 kg rote und gelbe Paprikaschoten
500 g Zucchini
1 kg Auberginen
ca. 6 EL Olivenöl
Meersalz | Pfeffer
je 1/2 Bund Basilikum
1 Knoblauchzehe
3 EL Pesto rosso
2 EL Thymianblättchen

Außerdem:
Backpapier

1. Den Ofen auf 200° Umluft vorheizen. Zwei Bleche mit Backpapier belegen. Das Gemüse waschen und putzen. Die Paprika halbieren und mit der Schnittseite nach unten auf ein Blech legen. Zucchini und Auberginen mit der Aufschnittmaschine oder von Hand längs in ca. 5 mm dünne Scheiben schneiden. Einen Teil der Scheiben auf dem zweiten Blech verteilen, dünn mit Olivenöl bepinseln und mit Meersalz und Pfeffer würzen.

2. Das Blech mit den Paprikahälften oben in den Ofen schieben, das zweite Blech unten. Nun das Gemüse 15–20 Min. backen, bis die Haut der Paprika schwarz wird und Blasen wirft. Das Blech aus dem Ofen nehmen, die Paprika in einen Tiefkühlbeutel geben und abkühlen lassen. Die Gemüsescheiben auf dem zweiten Blech sollen gegart und leicht gebräunt sein, dann das Gemüse vom Backpapier nehmen. Beide Bleche mit weiteren Gemüsescheiben belegen, diese mit Öl bepinseln und würzen, im Ofen garen und so fortfahren, bis alle Gemüsescheiben gegart sind.

3. Die Paprika häuten. Basilikum waschen, trocken schütteln und die Blättchen klein hacken. Knoblauch schälen, sehr fein hacken und unter das Pesto rühren. Die Terrinenform so mit Klarsichtfolie auskleiden, dass sie an beiden Seiten übersteht.

4. Zuerst schöne große Auberginenscheiben quer hineinlegen, sodass diese beidseitig überlappen. Nun abwechselnd alle Gemüsescheiben in die Form schichten, dabei die Schichten mit Pesto rosso, Thymianblättchen und Basilikum würzen. Die überlappenden Auberginenscheiben mitsamt Klarsichtfolie über das Gemüse klappen, die Terrine mit einem Gewicht (z. B. einer Milchtüte) beschweren und über Nacht im Kühlschrank pressen.

5. Am nächsten Tag die Terrine mit Hilfe der Folie aus der Form stürzen, in Scheiben schneiden und servieren.

MEIN PRAXISTIPP

Schneiden Sie die Terrine am besten mit einem elektrischen Sägemesser oder einem feinen Wellenschliffmesser behutsam in Scheiben.

TARTELETTES AU FROMAGE DE CHÈVRE

ZIEGENKÄSE-TARTELETTS

Herrlich nussig wird der Teig durch das Dinkelmehl, schön mürbe durch den Essig. Das mild-fruchtige Feigen-Schalotten-Confit bereite ich immer gleich in größeren Mengen zu, es schmeckt nämlich auch bestens zu Käse und Schinken!

FÜR 6 STÜCK

Zubereitungszeit: ca. 1 Std. 30 Min.
Backzeit: ca. 30 Min.
Pro Stück: ca. 650 kcal

Für die Tarteletts:
150 g Dinkelmehl (Type 630)
100 g Dinkelvollkornmehl
Meersalz
125 g kalte Butter
3 Eier (Größe M)
1 EL Essig
250 g fester Ziegenfrischkäse (Ziegenrolle)
1/2 EL Rosmarinnadeln
200 g Crème fraîche
Pfeffer

Für das Feigen-Schalotten-Confit:
250 g Schalotten
1 EL brauner Zucker
100 ml Cassis (franz. Johannisbeerlikör)
100 ml trockener Rotwein
3 EL Aceto balsamico
2 Lorbeerblätter
1 Zimtstange
3 reife Feigen
Meersalz | Pfeffer

Außerdem:
6 Tartelettförmchen (12 cm Ø)
Butter für die Förmchen
Mehl zum Arbeiten

1. Beide Mehlsorten und 1/2 TL Meersalz auf der Arbeitsfläche mischen. Die kalte Butter in kleinen Flöckchen daraufgeben und alles zwischen den Händen zu feinen Streuseln verreiben. 1 Ei, den Essig und 1 EL kaltes Wasser dazugeben und alles rasch zu einer glatten Teigkugel verkneten. Den Teig in Frischhaltefolie wickeln und im Kühlschrank 30 Min. ruhen lassen.

2. Inzwischen für den Belag den Ziegenkäse in sechs gleich dicke Scheiben schneiden. Die Rosmarinnadeln fein hacken. Die übrigen beiden Eier und die Crème fraîche verrühren und mit wenig Meersalz und Pfeffer würzen. Den Backofen auf 200° vorheizen. Die Förmchen einfetten. Den Teig auf wenig Mehl dünn ausrollen und die Förmchen damit auskleiden, dabei jeweils einen Rand formen. In jedes Förmchen 1 Scheibe Ziegenkäse geben und die Eiermischung jeweils daraufgießen. Mit Rosmarin bestreuen. Die Tarteletts im Backofen (Mitte) in 25–30 Min. goldgelb backen.

3. Inzwischen für das Confit die Schalotten schälen und in Spalten schneiden. Den braunen Zucker in einem Topf bei kleiner bis mittlerer Hitze goldbraun schmelzen. Die Schalotten dazugeben, dann Cassis, Wein und Balsamico dazugießen. Die Lorbeerblätter und die Zimtstange dazugeben, alles aufkochen und die Schalotten in ca. 10 Min. bei kleiner Hitze fast weich köcheln lassen.

4. Die Feigen waschen, abtropfen lassen und in Spalten schneiden. Zu den Schalotten geben und zusammen offen 2–3 Min. dünsten, bis die Schalotten und die Feigen weich sind und der Sud leicht sämig ist. Das Confit mit Meersalz und Pfeffer würzen und etwas abkühlen lassen. Lorbeer und Zimt entfernen.

5. Die Förmchen aus dem Ofen nehmen, die Ziegenkäse-Tarteletts herauslösen und mit dem Confit servieren.

SOUPE À L'AIL, HUILE AUX HERBES

KNOBLAUCHCREMESUPPE MIT KRÄUTERÖL

Dieses cremig-würzige Süppchen versetzt mich beim genussvollen Löffeln sofort in den lichtdurchfluteten Süden Frankreichs – ein echtes Kind der cuisine du soleil.

FÜR 6 PORTIONEN

Zubereitungszeit: ca. 40 Min.
Pro Portion: ca. 315 kcal

Für die Suppe:
1 große frische Knoblauchknolle
2–3 Zweige Thymian
1,3 l Gemüsebrühe
1 Gewürznelke
2 Lorbeerblätter
800 g mehligkochende Kartoffeln
Meersalz
100 g Crème fraîche
Pfeffer
frisch geriebene Muskatnuss

Für das Kräuteröl:
1/2 Bund Petersilie
1 Zweig Thymian
100 ml sehr gutes Olivenöl
Meersalz

1. Die Knoblauchzehen schälen und grob hacken. Den Thymian waschen und trocken schütteln. Die Gemüsebrühe aufkochen. Knoblauch, Thymian, Gewürznelke und Lorbeer hinzufügen und ca. 5 Min. zugedeckt kochen.

2. Inzwischen die Kartoffeln schälen und in grobe Würfel schneiden. Gewürznelke und Lorbeer aus der Suppe nehmen, die Kartoffeln und etwas Meersalz hinzufügen. Alles weitere 15 Min. kochen, bis die Kartoffeln weich sind.

3. Dann die Suppe mit dem Pürierstab pürieren. Falls zu viel Flüssigkeit verkocht ist, noch etwas Gemüsebrühe oder Wasser dazugießen. Die Crème fraîche unterrühren und die Suppe mit Meersalz, Pfeffer und Muskatnuss abschmecken.

4. Für das Kräuteröl Petersilie und Thymian waschen, trocken schütteln und die Blättchen abzupfen bzw. abstreifen. In einen hohen Becher geben und mit dem Olivenöl und 1 Prise Meersalz mit dem Pürierstab pürieren.

5. Vor dem Anrichten die Suppe wieder erhitzen und die Crème fraîche darunterrühren. Die Suppe mit dem Pürierstab aufschäumen, auf tiefe Teller verteilen. Die Portionen mit etwas Kräuteröl beträufeln und servieren. Übriges Kräuteröl können Sie im Kühlschrank 3–4 Tage aufbewahren.

MEINE VARIANTE

In der Pilzsaison lasse ich das Kräuteröl weg, dann serviere ich diese Suppe gerne mit gebratenen Steinpilzen und ein paar Tropfen Trüffelöl – natürlich wähle ich eines ohne künstliche Aromastoffe!

TABOULÉ AU FENOUIL

COUSCOUSSALAT MIT FENCHEL

Das erste Taboulé aß ich vor vielen Jahren bei meiner Au-pair-Familie. Seitdem darf es bei uns auf keiner fête *fehlen und kommt in immer neuen Variationen daher. Die Kombination mit knackigem Fenchel gehört zu meinen Favoriten.*

FÜR 6 PORTIONEN

Zubereitungszeit: ca. 35 Min.
Marinierzeit: mind. 4 Std.
Pro Portion: ca. 275 kcal

250 g mittelgrober Couscous (Instant)
6 EL sehr gutes Olivenöl
Meersalz
100 ml Orangensaft
1 kleine Fenchelknolle
500 g Tomaten
1/2 Bio-Salatgurke
1 große rote Zwiebel
2 Frühlingszwiebeln
1 großes Bund Minze
1 Bund glatte Petersilie
2 Bio-Zitronen
2 TL Fenchelsamen
2 EL Korinthen
Pfeffer

1. Den Couscous mit 2 EL Olivenöl und 1/2 TL Meersalz in eine Schüssel geben, 150 ml kaltes Wasser und den Orangensaft dazugießen, unterrühren und quellen lassen.

2. In der Zwischenzeit den Fenchel putzen, waschen und längs halbieren, den Strunk herausschneiden. Den Fenchel in feine Scheibchen schneiden. Die Tomaten waschen und fein würfeln. Die Gurke putzen, waschen und fein würfeln.

3. Die Zwiebel schälen und fein würfeln, die Frühlingszwiebeln putzen, waschen und in feine Röllchen schneiden. Die Minze und die Petersilie waschen und trocken schütteln. Die Blättchen abzupfen und grob hacken. Die Zitronen heiß waschen und trocken tupfen, die Schale fein abreiben und den Saft auspressen. Die Fenchelsamen im Mörser grob zerstoßen.

4. Alle vorbereiteten Zutaten und die Korinthen zum Couscous geben, unterrühren und mindestens 4 Std., noch besser über Nacht, an einem kühlen Ort durchziehen lassen. Das Taboulé vor dem Servieren unbedingt noch einmal abschmecken und nach Bedarf mit Meersalz und Pfeffer nachwürzen.

MEIN DEKOTIPP

Schick sieht das Taboulé auch in kleinen Gläsern aus. Geben Sie dann noch ein feines Topping obenauf, z. B. eine gebratene Garnele, eine Scheibe Räucherlachs, rohen Schinken oder einen knusprigen Brotchip.

À LA RECHERCHE DU BON PAIN: MEIN LIEBLINGSBROT

Geht es Ihnen ähnlich wie mir? Ich finde es alles andere als einfach, gutes Brot aufzutreiben. Und das selbst in einer Großstadt wie Hamburg, wo die Auswahl an Bäckern immens groß ist. Doch bei genauem Hinsehen entpuppen sich vermeintlich eigenständige Bäckereien leider häufig als Ableger größerer Ketten. Von den (Auf-) Backshops ganz zu schweigen!

Aber was ist gutes Brot für mich? Zuallererst Brot, das nach ordentlich was schmeckt. Und duften soll es! Die Kruste kracht beim Hineinbeißen, das Innere, die weiche Krume, soll schön feucht sein, großporig – und auch nach einigen Tagen noch nicht trocken und krümelig. Bei diesen Ansprüchen an ein gutes Brot blieb mir irgendwann nichts anderes übrig, als mich selbst ans Brotbacken zu machen. Dabei stellte ich schnell fest, dass dies eine eigene Handwerkskunst ist. Dass selbst ich, die ich doch einigermaßen versiert in der Küche bin, mich in das Thema ganz neu einarbeiten muss. Das ist nicht mal eben an einem Wochenende gemacht, nein, gutes Brot zu backen erfordert viel Zeit, Erfahrung und eine große Portion Leidenschaft. Und deshalb finden Sie auf den folgenden Seiten auch nicht etwa ein Rezept für ein aufwendiges Sauerteigbrot, das über mehrere Tage und diverse Vorteigstufen geführt wird. Sondern eines, das sich mit etwas Ruhezeit und guter Planung auch für Ungeübte bequem bewerkstelligen lässt. Und es schmeckt!

EINFACH KÖSTLICH: OFENWARMES BROT!

Bestimmt machen Sie es mit dem frisch gebackenen Brot dann wie ich: Kaum ist es einen Hauch abgekühlt, schneide ich einen dicken Knust ab und genieße das noch dampfend-warme Brot entweder pur oder mit etwas gesalzener Butter darauf. Einfach köstlich! So mache ich es natürlich auch in meinem Lieblingsland. Kaum schließt sich die Tür der *boulangerie* hinter mir, breche ich auch schon das erste Stück meines Baguettes ab und schiebe das bestenfalls noch ofenwarme Brotstück in meinen Mund. Aber auch wenn kaum ein Brot so bekannt für die französische Backkunst ist wie das Baguette, gibt es darüber hinaus noch viel mehr zu entdecken! Zum Beispiel das *pain de campagne,* das rösche Landbrot mit dicker knuspriger Kruste und elastischer Krume, so wie ich Ihnen eines auf der nächsten Seite zeige. Meines hat einen Hefevorteig, es wird aber auch häufig mit Sauerteig zubereitet. Das können die französischen *boulangers* nämlich besonders gut, Sauerteigbrot! Man muss nicht extra nach Paris fahren, um einen Laib des berühmten *pain poilâne* zu erstehen, halten Sie in den französischen Bäckereien nach einem Brot mit dem Zusatz *au levain* Ausschau, mit Sauerteig, dann bekommen Sie ein rustikales Brot mit aromatischer Krume und damit die beste Unterlage für die köstlichen *tartines,* die belegten Brote à la française.

NICHTS GEHT ÜBER GUTES, URSPRÜNGLICHES BROT!

MON PAIN DE CAMPAGNE

MEIN LANDBROT

Gutes Brot zu backen ist wahrlich nichts für Ungeduldige, aber der Aufwand wird belohnt: Die Kruste kracht beim Hineinbeißen, die Krume ist schön feucht und aromatisch. Sollen andere zum Yoga gehen, ich backe zur Entspannung lieber köstliches Brot!

FÜR 1 GROSSES BROT

Zubereitungszeit: ca. 50 Min.
Ruhezeiten: insgesamt 14–20 Std.
Backzeit: ca. 40 Min.
Bei 16 Scheiben pro Scheibe: ca. 210 kcal

Für den Vorteig:
100 g Weizenvollkornmehl
200 g Weizenmehl (Type 550)
5 g Hefe (am besten Bio-Hefe)
5 g Meersalz

Für den Hauptteig:
15 g Hefe (am besten Bio-Hefe)
700 g Weizenmehl (Type 550)
15 g Meersalz

Außerdem:
Backhörnchen (kleine Teigkarte)
Mehl zum Arbeiten
Backpapier

1. Am Vortag für den Vorteig beide Mehlsorten mit 200 ml lauwarmem Wasser, der zerkrümelten Hefe und dem Meersalz 2 Min. in der Küchenmaschine vermischen. Die Rührschüssel mit einem aufgeschnittenen Tiefkühlbeutel abdecken. Den Vorteig 1 Std. bei Zimmertemperatur gehen lassen, dann für 12–18 Std. im Kühlschrank ruhen lassen.

2. Am nächsten Tag für den Hauptteig die Hefe in 110 ml lauwarmem Wasser auflösen. Das Mehl, das Hefewasser und 300 ml lauwarmes Wasser zum gegangenen Vorteig geben. Teig zunächst bei kleinster Stufe ca. 4 Min. kneten, dann das Meersalz hinzufügen und den Teig bei der nächstgrößeren Stufe weitere 5 Min. kneten. Die Schüssel erneut abdecken und den Teig bei Zimmertemperatur 30 Min. gehen lassen. Nun den recht weichen Teig mit Hilfe eines Backhörnchens rund 10 Mal von außen hochziehen und nach innen überschlagen (in der Fachsprache nennt man das »falten«), dabei die Schüssel immer ein wenig weiterdrehen. Dabei wird der Teig etwas fester. Den Teig erneut abgedeckt 30 Min. gehen lassen.

3. Ein großes Gärkörbchen (ersatzweise ein Salatsieb oder eine Schüssel) mit einem groben Leinenhandtuch auslegen und mit Mehl bestäuben. Den Teig auf eine leicht bemehlte Arbeitsfläche stürzen und zu einer Kugel formen. Mit der »Naht« nach unten ins Gärkörbchen legen und noch 1 Std. abgedeckt gehen lassen.

4. Den Backofen auf 250° vorheizen, dabei ein Backblech mit aufheizen. Das Blech herausnehmen und mit Backpapier belegen. Die Teigkugel behutsam daraufsetzen. Mit einem scharfen Messer über Kreuz 1 cm tief einschneiden. Das Blech rasch in den Ofen (Mitte) schieben. 15 Min. backen, dann die Hitze auf 220° reduzieren und das Brot weitere 25 Min. backen. Herausnehmen und auf einem Kuchengitter auskühlen lassen.

LES TARTINES CROUSTILLANTES

KNUSPRIGE BROTE

KNUSPRIG GERÖSTETE, DICKE SCHEIBEN LANDBROT BILDEN DIE UNTERLAGE FÜR ALLERLEI HERZHAFTES. JE NACH VORRAT, ANLASS ODER JAHRESZEIT KÖNNEN SIE DIE TARTINES NACH LUST UND LAUNE BELEGEN.

RILLETTES DE CANARD

ENTENRILLETTES

Ein wahrlich deftiges Vergnügen, diese Rillettes! So deftig, dass wir dazu gerne die essigsauren Cornichons knabbern, die wir regelmäßig von unseren Frankreichfahrten mitbringen. Scharfer Dijonsenf und Radieschen machen sich auch bestens dazu.

FÜR 8 GROSSE BROTSCHEIBEN

Zubereitungszeit: ca. 2 Std.
Marinierzeit: ca. 24 Std.
Pro Scheibe: ca. 570 kcal

2 Entenkeulen (à ca. 350 g)
4–6 Zweige Thymian
2–3 Zweige Rosmarin
2–3 Stängel Majoran
2 Lorbeerblätter
2 Gewürznelken
5 Wacholderbeeren
1 EL Zucker
Meersalz | Pfeffer
1 große Zwiebel
1 großer säuerlicher Apfel
600 g Schweineschmalz ohne Grieben
100 ml trockener Weißwein (nach Belieben)

Zum Servieren:
8 große Scheiben Landbrot

1. Die Entenkeulen waschen und trocken tupfen. Die Kräuter waschen und trocken tupfen. Blättchen und Nadeln abzupfen bzw. abstreifen. Lorbeer, Nelken und Wacholderbeeren im Mörser grob zerstoßen. Die Entenkeulen mit den Kräutern, den gemörserten Gewürzen, dem Zucker, 1 EL Meersalz und Pfeffer einreiben und abgedeckt 24 Std. kalt stellen.

2. Am nächsten Tag die Zwiebel schälen und grob würfeln. Den Apfel schälen, vierteln, entkernen und in grobe Stücke schneiden. Das Schmalz in einem Schmortopf schmelzen. Entenkeulen, Zwiebel und Apfelstücke in das flüssige Fett legen, dabei darauf achten, dass die Keulen bedeckt sind. Weißwein oder 100 ml Wasser angießen und alles aufkochen. Bei kleiner Hitze 1 1/2 Std. offen köcheln lassen. Wenn sich das Fleisch leicht von den Knochen lösen lässt, die Entenkeulen aus dem Fett heben und etwas abkühlen lassen.

3. Die Haut von den Entenkeulen abziehen, das Fleisch von den Knochen lösen und klein zupfen. Das Schmalz vom Fleischsaft abschöpfen und durch ein feines Sieb gießen. 250 g Schmalz mit dem Entenfleisch verrühren. Mit Meersalz und Pfeffer kräftig abschmecken.

4. Die Rillettes ohne Lufteinschlüsse in Gläser füllen. Die Oberfläche mit flüssigem Fett bedecken. Die Gläser verschließen und die Rillettes im Kühlschrank aufbewahren. (Die unangebrochenen Gläser halten sich gekühlt ca. 3 Monate.) Zum Servieren die Brotscheiben im Ofen (Mitte) in 3–5 Min. bei 220° oder im Toaster rösten. Jeweils dick mit Rillettes bestreichen und mit Meersalz und Pfeffer würzen.

LACHSRILLETTES

FÜR 4 GROSSE BROTSCHEIBEN

Zubereitungszeit: ca. 25 Min.
Pro Scheibe: ca. 440 kcal

250 g Lachsfilet (ohne Haut)
150 ml Fischfond
2 Pimentkörner
150 g Räucherlachs
3–4 Stängel Estragon
1 TL abgeriebene Bio-Zitronenschale
75 g weiche Butter
2–3 EL Noilly Prat
(trockener weißer Wermut;
nach Belieben)
Meersalz | Pfeffer

Zum Servieren:
4 große Scheiben Landbrot
frische Gurkenscheiben zum Garnieren

1. Das Lachsfilet kalt waschen, trocken tupfen und ggf. die Gräten entfernen. Filet in große Stücke schneiden. Den Fischfond mit den Pimentkörnern erhitzen, die Lachsstücke hineingeben und darin zugedeckt bei sehr kleiner Hitze ca. 10 Min. ziehen lassen. Die Lachsstücke mit einer Schaumkelle herausnehmen, den Fischsud aufbewahren. Den Lachs etwas abkühlen lassen, dann in einer Schüssel klein zupfen.

2. Den Räucherlachs fein hacken. Estragon waschen und trocken schütteln, die Spitzen abzupfen und fein hacken. Den Räucherlachs, die Hälfte vom Estragon, 5 EL Fischsud, die Zitronenschale und die Butter in Flöckchen zum Fisch geben und alles mit einer Gabel miteinander vermischen. Den Wermut oder weitere 2–3 EL Fischsud unterrühren, sodass die Rillettes schön cremig wird. Mit Meersalz und Pfeffer abschmecken. Die Brotscheiben wie links beschrieben im Ofen rösten. Mit Lachsrillettes bestreichen und mit Gurkenscheiben und übrigem Estragon garnieren.

DICKE-BOHNEN-CREME

FÜR 4 GROSSE BROTSCHEIBEN

Zubereitungszeit: ca. 45 Min.
Pro Scheibe: ca. 365 kcal

2 kg frische Dicke Bohnen in der Schote
(»Saubohnen«)
Meersalz
2 Knoblauchzehen
1 Bio-Zitrone
1/2 Bund Minze
4 EL Olivenöl
2–4 EL Gemüsebrühe (nach Belieben)
Pfeffer

Zum Servieren:
4 große Scheiben Landbrot
2 EL sehr gutes Olivenöl zum Beträufeln
50 g gehobelter Gruyère oder Tête de moine

1. Die Bohnenkerne aus den Schoten palen. In einem Topf Salzwasser aufkochen, Bohnen hineingeben und ca. 3 Min. blanchieren. In ein Sieb abgießen, kalt abschrecken und abtropfen lassen. Die grünen Bohnenkerne aus den Häutchen drücken und in einen hohen Becher geben. Den Knoblauch schälen. Die Zitrone heiß waschen, trocken tupfen, die Schale fein abreiben und den Saft auspressen. Zitronenschale, 2–3 EL Zitronensaft und Knoblauch zu den Bohnen geben und alles mit dem Pürierstab nicht zu fein pürieren.

2. Die Minze waschen, trocken schütteln, die Blättchen abzupfen und die Hälfte davon fein hacken. Gehackte Minze, das Olivenöl und nach Belieben noch etwas Gemüsebrühe unter die Creme rühren. Mit Meersalz und Pfeffer abschmecken. Zum Servieren die Brotscheiben wie links beschrieben rösten und dick mit der Bohnencreme bestreichen. Mit sehr gutem Olivenöl beträufeln und mit Käse, den übrigen Minzeblättchen, Pfeffer und Meersalz bestreuen.

LES PLATS PRINCIPAUX

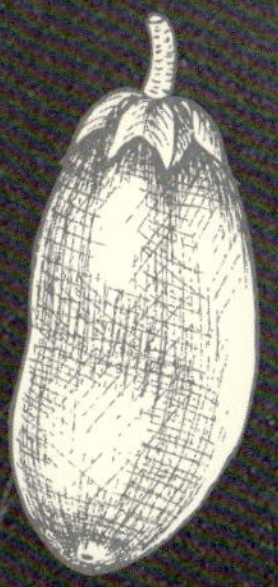

CARRÉE D'AGNEAU AUX HERBES · **PETITS FARCIS** · DAURADE EN PAPILLOTE ASPERGES EN VINAIGRETTE ET POMMES ANNA · **BŒUF BOURGUIGNON** · TIAN DE LÉGUMES · RAVIOLES AU PISTOU **QUICHE AUX POIREAUX ET LARDONS** · GIGOT D'AGNEAU AUX PETITS LÉGUMES **ET PLUS...**

CARRÉE D'AGNEAU AUX HERBES

LAMMKARREE MIT KRÄUTERKRUSTE

Warum mir Lammfleisch in Frankreich besser schmeckt, habe ich noch nicht herausgefunden. Hier wie dort achte ich auf gutes, regionales Fleisch. Es wird wohl an der Luft liegen, an der (Urlaubs-)Stimmung oder dem begleitenden Wein, denn auch der … Aber lassen wir das!

FÜR 4 PORTIONEN

Zubereitungszeit: ca. 1 Std. 30 Min.
Pro Portion: ca. 870 kcal

Für die Lammkarrees:
2 Schalotten
2–3 Knoblauchzehen
60 g weiche Butter
50 g Weißbrot vom Vortag
3 Stängel glatte Petersilie
4–5 Zweige Thymian
1 TL abgeriebene Bio-Zitronenschale
1 Eigelb
Meersalz
Pfeffer
400 g Kirschtomaten
2 Lammkarrees à ca. 400 g (küchenfertig, vom Metzger pariert)
2 EL Olivenöl

Für das Püree:
1 kg mehligkochende Kartoffeln
Meersalz
200 ml Vollmilch
6–8 EL sehr gutes Olivenöl
Pfeffer

Außerdem:
Kartoffel- oder Spätzlepresse

1. Für die Kräuterkruste die Schalotten und den Knoblauch schälen. In 1 EL Butter glasig dünsten und beiseitestellen. Das Brot entrinden. Die Kräuter waschen, trocken schütteln und die Blättchen abzupfen. Brot und Kräuterblättchen im Blitzhacker kurz pürieren. Mit Zitronenschale, übriger Butter, der Schalottenmischung und dem Eigelb verrühren und mit Meersalz und Pfeffer würzen.

2. Die Tomaten waschen. Für das Püree die Kartoffeln schälen, grob würfeln und in Salzwasser in ca. 20 Min. weich kochen.

3. Inzwischen den Backofen auf 160° vorheizen. Das Fleisch kalt waschen und trocken tupfen. In einer Pfanne das Öl erhitzen. Das Fleisch darin rundherum 2 Min. kräftig anbraten, salzen und pfeffern. Herausnehmen und auf ein Backblech legen. Die Kräutermasse auf der Seite mit der Fettschicht auf den Lammkarrees verteilen und leicht andrücken. Die Tomaten mit auf das Backblech geben. Im Ofen (Mitte) 15 Min. garen, dann das Blech aus dem Ofen nehmen und das Fleisch mit Alufolie abgedeckt warm halten. Die Temperatur des Backofens auf Grillstufe (oder 250°) vorheizen.

4. Die Kartoffeln abgießen, dabei etwas Kochwasser aufbewahren. Die Kartoffeln durch eine Kartoffel- oder Spätzlepresse (die nehme ich dafür) in den Topf pressen. Parallel dazu die Milch erhitzen und unter das Püree rühren. Das Olivenöl nach und nach unterrühren, bis das Püree schön cremig ist, dabei nach Bedarf noch etwas Kochwasser unterrühren. Das Püree mit Meersalz und Pfeffer abschmecken und zugedeckt warm halten.

5. Die Alufolie vom Fleisch nehmen und die Lammkarrees im Backofen (Mitte) ca. 5 Min. gratinieren, bis die Kruste leicht gebräunt ist. Das Fleisch zwischen den Rippen in Koteletts aufschneiden und mit den Tomaten und dem Püree anrichten.

LES MARCHÉS AUX PUCES: DIE FLOHMÄRKTE

Kein Urlaub ohne marché aux puces! *Ein Besuch auf einem Flohmarkt gehört für mich unbedingt dazu – bei einer Nostalgikerin wie mir überrascht das nicht, oder?*

Landeten wir während unserer ersten Frankreichfahrten eher zufällig auf Flohmärkten, gehen wir mittlerweile geplant an unsere Lieblings-Freizeitbeschäftigung heran. Schon lange vor der nächsten Reise zu unseren Sehnsuchtsorten durchforstet Monsieur die Internetseiten der Urlaubsregion nach *brocantes, marchés aux puces* oder *marchés d'antiquités* sowie *vide greniers,* nach Floh- und Antikmärkten und kleinen und größeren Straßenfesten, die dazu dienen, dass die ansässige Bevölkerung ihre Dachböden oder Keller entrümpelt und Touristen wie wir scharenweise durch die Straßen ziehen, auf der Suche nach Schätzen, die wir heben wollen. So legen wir an den Urlaubswochenenden mittlerweile auf der Jagd nach begehrten Trophäen einige Kilometer zurück. Mein Augenmerk liegt dabei eindeutig auf Geschirr, altem Leinen, Küchengeräten, schönen Dingen mit Charme und Patina.

Regelmäßig ist unser Kombi auf der Rückfahrt aus Frankreich deutlich schwerer bepackt als auf dem Hinweg. Neben Weinkisten, Olivenölflaschen und sonstigen Leckereien haben sich in den letzten Jahren schon – sorgfältig in Zeitungspapier eingeschlagen – viele schöne Teller, Schüsseln, Holzbretter und Gläser

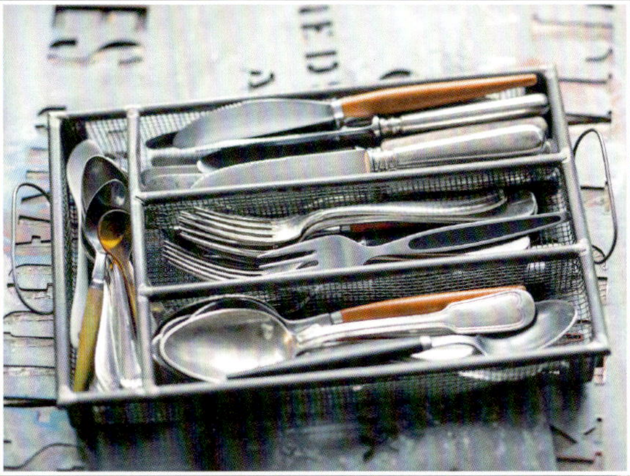

mit uns auf den Weg nach Hamburg aufgemacht. Und was dabei nicht ins Auto reinpasst, wird kurzerhand auf dem Dach verstaut …

GESCHIRR MIT GESCHICHTE(N)

Ein weiteres Ritual ist das Auspacken. Sind alle Koffer und Kisten im Haus, werden die Preziosen ausgepackt, zunächst auf unserem Esstisch platziert und erneut bestaunt. Dann wird überlegt: Wo könnte was hin? Jahre später erinnern wir uns noch: Dieses Holzbrett ist vom Flohmarkt in Forcalquier, jenen Teller haben wir – zusammen mit dem Silberbesteck, »weißt Du noch?«, auf dem *vide grenier* in Nantes gefunden. So haben viele Teile in unserem Haus ihre eigene Geschichte.

Nach Jahren, in denen viele unserer Schätze ihr Dasein im Keller fristen mussten, freue ich mich seit einiger Zeit sehr über unseren großen, alten Esszimmerschrank, den wir über viele Wochenenden lang liebevoll aufgearbeitet haben. (Er ist übrigens auf dem Titel dieses Buchs zu sehen sowie auf Seite 28 und Seite 180.) In ihm findet ein Großteil unseres Geschirrs und auch sonst allerlei seinen Platz. Und nein, auch wenn Sie sich wundern: Er stammt nicht aus Frankreich. Aber alt ist er schon, und eine Geschichte dazu gibt es natürlich auch …

MEINE LEIDENSCHAFT: DIE SUCHE NACH ALTEN (KÜCHEN-)SCHÄTZEN

PETITS FARCIS

GEFÜLLTES GEMÜSE

Sind im Original aus Nizza Räucherspeck und grobes Wurstbrät enthalten, so geben in meiner fleischlosen Variante Käse, Kräuter und getrocknete Tomaten reichlich Würze an das junge Gemüse. Dazu essen wir am liebsten roten Reis aus der Camargue.

FÜR 4 PORTIONEN

Zubereitungszeit: ca. 1 Std. 20 Min.
Garzeit: ca. 40 Min.
Pro Portion: ca. 395 kcal

Meersalz | 4 große Zwiebeln
4 große Tomaten (ca. 500 g)
2 Zucchini (ca. 500 g)
2 Auberginen (ca. 500 g)
2–3 Knoblauchzehen
150 g Champignons
8 getrocknete Tomaten
(in Öl eingelegt)
6 Zweige Thymian
1–2 Zweige Rosmarin
1/2 Bund glatte Petersilie
60 g würziger Hartkäse (z. B. Comté, Gruyère oder Parmesan)
3 EL Olivenöl
6 EL Semmelbrösel | Pfeffer
150 ml Weißwein (oder Gemüsebrühe)
250 ml Gemüsebrühe
2 EL Tomatenmark
100 g kleine schwarze Oliven

MEIN PRAXISTIPP

Für eine größere Runde können Sie das Rezept verdoppeln und in der tiefen Fettpfanne des Backofens garen.

1. Reichlich Wasser aufkochen und salzen. Die Zwiebeln schälen und 5 Min. darin vorkochen. Herausnehmen und abtropfen lassen.

2. Inzwischen die Tomaten, Zucchini und Auberginen waschen und putzen. Von den Tomaten einen Deckel abschneiden, das Fruchtfleisch mit einem Löffel herauslösen und beiseitestellen. Zucchini und Auberginen in ca. 5 cm lange Stücke schneiden und großzügig mit einem Löffel oder kleinen Küchenmesser bis auf einen »Boden« aushöhlen. Das ausgehöhlte Fruchtfleisch fein hacken.

3. Von den vorgekochten Zwiebeln oben einen »Deckel« abschneiden, die Zwiebeln bis auf 2 Schichten aushöhlen und das Zwiebelinnere in feine Würfel schneiden. Den Knoblauch schälen und fein hacken. Die Champignons putzen und fein hacken. Die getrockneten Tomaten abtropfen lassen und ebenfalls fein hacken.

4. Die Kräuter waschen, trocken schütteln, die Blättchen abstreifen bzw. abzupfen und fein hacken. Den Käse fein reiben.

5. In einer weiten Pfanne das Olivenöl erhitzen. Gewürfelte Zwiebeln, das gehackte Fruchtfleisch von Aubergine und Zucchini sowie die gehackten Pilze darin ca. 5 Min. kräftig anbraten. Knoblauch, getrocknete Tomaten und die Hälfte der Kräuter hinzufügen und weitere 2 Min. mit anbraten. Semmelbrösel und Käse unterrühren und die Füllmasse mit Meersalz und Pfeffer herzhaft würzen.

6. Den Backofen auf 200° vorheizen. Die ausgehöhlten Gemüse in eine weite Gratinform setzen und mit der Gemüse-Pilz-Masse füllen. Das beiseitegestellte Tomatenfruchtfleisch mit Wein, Gemüsebrühe und Tomatenmark verrühren und mit den Oliven und den übrigen Kräutern in die Form geben. Alles im Ofen (Mitte) ca. 40 Min. garen, bis das Gemüse leicht gebräunt ist.

DAURADE EN PAPILLOTE

DORADEN IM PERGAMENT

Knoblauchduftend und kräuteraromatisch – die Fischpäckchen verströmen schon beim Öffnen Mittelmeeraroma satt und gehören deshalb zu meinen Lieblingen der Sommer-Sonnen-Küche.

FÜR 4 PORTIONEN

Zubereitungszeit: ca. 1 Std.
Pro Portion: ca. 465 kcal

Für die Doraden:

4 Doraden (à ca. 400 g, küchenfertig; evtl. beim Fischhändler vorbestellen)
1 Bio-Zitrone
2 Knoblauchzehen
3 Stängel glatte Petersilie
2 TL Thymianblättchen
2 TL Fenchelsamen
5 EL Olivenöl
Meersalz | Pfeffer

Für das Fenchelgemüse:

2 Fenchelknollen mit Grün (ca. 500 g)
3 Schalotten
2 EL Olivenöl
1 Bio-Orange
1 Bio-Zitrone
1 Lorbeerblatt
2 TL Fenchelsamen
1 TL Kreuzkümmelsamen
2 EL Pastis (Anisaperitif; nach Belieben)
Meersalz | Pfeffer

Außerdem:

Backpapier und Holzspießchen

1. Die Doraden gründlich waschen und trocken tupfen. Die Zitrone heiß waschen, trocken tupfen, die Schale fein abreiben und den Saft auspressen. Den Knoblauch schälen und fein hacken. Petersilie waschen, trocken schütteln, die Blättchen abzupfen und fein hacken. Zitronenschale, Knoblauch, Petersilie, Thymianblättchen und Fenchelsamen mit 1 EL Olivenöl vermischen. Die Bauchhöhlen der Fische mit Meersalz und Pfeffer würzen und die Kräutermischung hineinstreichen. Den Backofen auf 200° vorheizen.

2. Je 1 Dorade auf einen großen Bogen Backpapier legen, mit Meersalz und Pfeffer würzen und jeweils mit 1 EL Olivenöl und 1 EL Zitronensaft beträufeln. Das Backpapier über den Fischen zusammenfalten und zu Päckchen verschließen (mit Holzspießchen zusammenstecken). Die Päckchen auf ein Backblech legen und die Doraden im Ofen (Mitte) 20 Min. garen.

3. In der Zwischenzeit für das Gemüse den Fenchel putzen und waschen. Das Fenchelgrün abzupfen und beiseitelegen. Die Fenchelknollen längs halbieren, den Strunk jeweils herausschneiden. Fenchel längs in dünne Scheiben schneiden. Die Schalotten schälen und längs in Streifen schneiden.

4. In einer weiten Pfanne das Olivenöl erhitzen, Fenchel und Schalotten darin ca. 5 Min. bei mittlerer bis starker Hitze kräftig anbraten. Die Orange und die Zitrone heiß waschen, die Schale fein abreiben und den Saft auspressen. Saft und Schale mit Lorbeer, Fenchelsamen und Kreuzkümmel zum Fenchel geben, den Pastis nach Belieben dazugießen. Das Gemüse mit Meersalz und Pfeffer würzen und ca. 5 Min. dünsten, bis der Fenchel bissfest ist. Gemüse zugedeckt warm halten, bis der Fisch gar ist.

5. Zum Servieren die Fischpäckchen öffnen, mit klein gezupftem Fenchelgrün bestreuen und das Fenchelgemüse dazu reichen.

CONFIT DE CANARD AUX ÉCHALOTES

GESCHMORTE ENTENKEULEN MIT SCHALOTTEN

Gleich 70 Entenkeulen sollten für ein großes Familienfest als confit *zubereitet werden. Mit Unterstützung in der Küche und dem großen Ofen eines Fotostudios ließ sich diese Herausforderung meistern. Zu Hause wurde alles dann etappenweise wieder aufgewärmt – eine ebenso köstliche wie unvergessliche Erinnerung!*

FÜR 4 PORTIONEN

Zubereitungszeit:
ca. 2 Std.–2 Std. 20 Min.
Pro Portion: ca. 1040 kcal

Für die Entenkeulen:
4 Entenkeulen (à ca. 350 g)
2 EL Olivenöl | grobes Meersalz
grob gemahlener schwarzer Pfeffer
500 g Schalotten
2–3 Zweige Rosmarin
2 gehäufte EL kräftiger Honig
(z. B. Garrigue- oder Heidehonig)

Für das Selleriepüree:
600 g Knollensellerie
600 g mehligkochende Kartoffeln
Meersalz | 200 ml Milch
100 g Sahne
Pfeffer | frisch geriebene Muskatnuss

MEIN PRAXISTIPP

In meinem großen Bräter haben 8 Keulen Platz, sodass ich immer gleich das doppelte Rezept zubereite. Denn aufgewärmt schmecken mir die Keulen fast noch besser, dann ist das Fleisch extra-mürbe und aromatisch.

1. Den Backofen auf 180° vorheizen. Die Entenkeulen kalt waschen und trocken tupfen. Das Öl in einem Bräter erhitzen, die Keulen großzügig mit grobem Meersalz und Pfeffer würzen und rundherum 10 Min. kräftig anbraten. Den Bräter schließen und die Keulen im Ofen (Mitte) zunächst 45 Min. garen.

2. Inzwischen die Schalotten schälen, größere Schalotten halbieren. Den Rosmarin waschen und trocken schütteln. Nach 45 Min. den Bräter aus dem Ofen nehmen und die Keulen wenden. Schalotten, Rosmarin und Honig dazugeben. Keulen im Ofen 40–60 Min. weitergaren. Nach einer Gesamtgarzeit von ca. 1 Std. 25 Min. prüfen, ob die Keulen gar sind. Dazu mit einer Fleischgabel hineinstechen. Lässt sich die Gabel leicht herausziehen, sind die Keulen gar, geht sie nur schwer heraus, das Fleisch noch weiterschmoren.

3. Während die Entenkeulen im Ofen schmoren, das Selleriepüree zubereiten. Dafür Sellerie und Kartoffeln schälen und in kleine Würfel schneiden. In wenig kochendem Salzwasser 20–25 Min. garen, bis das Gemüse weich ist. Das Gemüse in ein Sieb abgießen, dabei ca. 150 ml Kochflüssigkeit auffangen. Das Gemüse durch die Kartoffel- oder Spätzlepresse in den Topf pressen.

4. Parallel dazu Milch und Sahne zusammen erhitzen und unter das Püree rühren. Ist das Püree zu fest, noch etwas Kochflüssigkeit unterrühren. Das Püree mit Meersalz, Pfeffer und Muskatnuss würzen. Zugedeckt (evtl. bei kleiner Hitze) warm halten, dabei ab und zu umrühren, damit es nicht am Topfboden ansetzt.

5. Sind die Entenkeulen gar, den Bräter aus dem Ofen nehmen. Zum Servieren die Entenkeulen auf Tellern verteilen und mit den Schalotten, etwas Schmorsud und dem Selleriepüree anrichten.

ASPERGES EN VINAIGRETTE ET POMMES ANNA

SPARGEL MIT VINAIGRETTE UND ANNA-KARTOFFELN

Ein Frühlingsessen nach meinem Geschmack: die Kartoffeln buttrig-knusprig, der Spargel fein mariniert mit allem, was der Frühlings-Kräutergarten so hergibt: »Vite vite, venez à table!«

FÜR 4 PORTIONEN

Zubereitungszeit: ca. 1 Std. 45 Min.
Pro Portion: ca. 575 kcal

Für die Kartoffeln:
150 g Butter
1 kg festkochende Kartoffeln
Meersalz | Pfeffer | Butter für die Form

Für den Spargel:
2 Bund gemischte Frühlingskräuter (z. B. Kerbel, Schnittlauch, Pimpernelle, Estragon …)
2 Schalotten | 4 EL Weißweinessig
Meersalz | Pfeffer | 2 TL körniger Senf
1 gehäufter TL Honig
1 TL abgeriebene Bio-Orangenschale
4 EL sehr gutes Olivenöl
1,5 kg weißer Spargel | 1 Prise Zucker

Außerdem:
ofenfeste runde Form (22 cm Ø; ersatzweise Springform mit fest schließendem Rand) | Backpapier

MEIN PRAXISTIPP

Kochen Sie aus den Spargelschalen und -enden sowie Wasser einen Spargelsud, den Sie dann für eine feine Spargelcremesuppe verwenden können.

1. Für die Kartoffeln die Butter zum Klären in einem kleinen Topf aufkochen. Den Schaum abschöpfen. Die flüssige Butter durch ein feines Sieb in eine Schale gießen, dabei den Bodensatz (die weißliche Molke) nicht mit abgießen. Die Kartoffeln schälen und in sehr dünne Scheiben schneiden oder hobeln. Die Kartoffeln zum Trocknen auf ein Küchenhandtuch legen.

2. Den Backofen auf 200° vorheizen. Die Form einfetten. Eine Schicht Kartoffelscheiben kreisförmig und gleichmäßig in die Form legen. Mit einem Fünftel der Butter bestreichen und mit Meersalz und Pfeffer würzen. Diesen Vorgang noch vier weitere Male wiederholen. Die Form mit einem in Formgröße zugeschnittenen Stück Backpapier abdecken. Im Ofen (Mitte) 1 Std. backen, bis die Kartoffeln gar sind (zur Probe mit einem Messer hineinpieksen) und die Oberfläche kräftig gebräunt ist.

3. Inzwischen für den Spargel die Kräuter waschen und trocken schütteln, die Blättchen abstreifen und nicht zu fein hacken. Die Schalotten schälen und fein würfeln. Den Essig mit 1 kräftigen Prise Meersalz und Pfeffer sowie mit Senf, Honig, Orangenschale, Kräutern und Schalottenwürfeln verrühren. Das Öl in dünnem Strahl kräftig unterrühren, bis eine cremige Sauce entstanden ist.

4. Die Spargelstangen waschen, die holzigen Enden großzügig abschneiden und die Stangen schälen. In einem Topf reichlich Wasser aufkochen, mit Meersalz und Zucker würzen. Den Spargel darin in 8–12 Min. bissfest kochen. Mit einer Schaumkelle herausnehmen, abtropfen lassen, auf eine Servierplatte legen und mit Vinaigrette begießen. Mit Frischhaltefolie abgedeckt marinieren.

5. Die Form aus dem Ofen nehmen und die Anna-Kartoffeln in Stücke schneiden. Mit dem marinierten Spargel servieren.

POULET DE MAÏS AUX PÊCHES ET OLIVES

MAISPOULARDE MIT PFIRSICHEN UND OLIVEN

Die Kombination der Zutaten ist ungewöhnlich, schmeckt aber verblüffend gut! Sie können statt der Poularde auch ein fleischiges Perlhuhn nehmen, achten Sie aber bitte in jedem Fall auf ein poulet fermier *in Bio- oder Freilandqualität!*

FÜR 4 PORTIONEN

Zubereitungszeit: ca. 1 Std. 45 Min.
Pro Portion: ca. 750 kcal

1 Maispoularde (küchenfertig, ca. 1,4 kg)
12 Lorbeerblätter
6–8 Zweige Rosmarin
Meersalz | Pfeffer
3 dickere Scheiben durchwachsener Räucherspeck
400 g Schalotten
150 ml trockener Weißwein (ersatzweise zusätzliche Hühnerbrühe)
150 ml Hühnerbrühe
4 große reife Pfirsiche
80 g kleine schwarze Oliven
2 EL kräftiger Honig (z. B. Garrigue- oder Heidehonig)

Außerdem:
Küchengarn zum Binden (nach Belieben)
ofenfeste große Form

1. Die Poularde innen und außen gründlich waschen und gut trocken tupfen. Mit 10 Lorbeerblättern und 4 Rosmarinzweigen füllen und kräftig mit Meersalz und Pfeffer einreiben.

2. Die Poulardenbrust mit den Speckscheiben belegen (das verhindert ein Austrocknen des zarten Brustfleisches), die Poularde nach Belieben mit Küchengarn binden und mit der Brust nach oben in eine große Auflaufform setzen. Den Backofen auf 180° vorheizen.

3. Die Schalotten schälen und mit übrigem Lorbeer und Rosmarin um die Poularde herumlegen. Weißwein und Hühnerbrühe angießen. Die Poularde im Backofen insgesamt 75 Min. garen.

4. Inzwischen die Pfirsiche waschen, halbieren und entsteinen. Nach 50 Min. Garzeit die Pfirsiche mit den Oliven in die Auflaufform geben und alles mit dem Honig beträufeln. Weitere 25 Min. garen, bis die Poularde knusprig und gebräunt ist und die Pfirsiche weich sind. Zum Servieren die Poularde tranchieren und die Sauce abschmecken. Mit Pfirsichen, Oliven und Schalotten servieren.

MEIN BEILAGENTIPP

Bien sûr, *ein knuspriges Baguette als Beilage passt immer! Sehr gut schmecken dazu aber auch körniger Couscous, Bulgur oder Hirse.*

AM LIEBSTEN KOCHE UND ESSE ICH … IM FREIEN!

Was im Süden in den warmen Monaten selbstverständlich ist, können wir Nordlichter leider nicht ganz so häufig auskosten: fröhliches Essen im Freien.

Habe ich es schon als Kind geliebt, direkt aus der Küche ins Freie schlüpfen zu können, so genieße ich heute unsere große Holzterrasse, die sich an unser Esszimmer anschließt. Sobald die ersten Sonnenstrahlen um die Hausecke wandern und die Temperatur ein wenig gestiegen ist, rücken wir mit Sack und Pack nach draußen. Der große Tisch wird gedeckt, wir freuen uns über die wärmende Sonne, und gleich stellt sich bei uns auch das geliebte Sommer-Sonne-Urlaubsgefühl ein. Einfach herrlich!

LEICHTE SOMMERKÜCHE

Draußen zu essen ist ja schön und gut, draußen zu kochen macht aber noch viel mehr Laune! Daher verlegen wir an schönen Sommer-(Wochenend-)Tagen die Küche gerne vor die Terrassentür. Einen Salat kann man doch locker im Freien zubereiten und selbst so langweilige (jawohl, die gibt es nämlich auch!) Küchenvorbereitungen wie Kartoffeln schälen oder Pilze putzen machen unter freiem Himmel ja fast schon Spaß.

Richtig gute Laune bekomme ich jedoch, wenn wir draußen kochen. Und damit meine ich nicht grillen, nein, nein, vom Draußen-Kochen ist die Rede. Also

in den Tiefen unseres Kellers nach der alten elektrischen Kochplatte gekramt, die uns schon während der Renovierungsphase unseres neuen Zuhauses so gute Dienste geleistet hat, und nichts wie raus damit! Nun wird nicht mehr nur geschnibbelt und vorbereitet, nun kann auch gebraten, gekocht und geschmort werden. Gegrillt – nein, Sie wissen schon, das dürfen gerne andere für mich übernehmen. Einzige Ausnahme bilden die Merguez. Wenn ich mir schon solche Mühe mache mit den geliebten würzigen Würstchen, dann überlasse ich sie ungern anderen Händen. So kann ich auch sicher sein, dass zumindest eines davon für mich übrig bleibt - sie schmecken einfach zu köstlich!

GEMÜTLICH UNTERM SONNENSCHIRM

Und sollten doch einmal einige Wolken den norddeutschen Himmel trüben, was bekanntermaßen häufiger vorkommt, so hilft Folgendes: ein paar wärmende Jacken und Decken zum Einmümmeln bereitlegen oder bei aufkommendem Regen den großen Sonnenschirm öffnen und darunter weiterbrutzeln und -essen! Zumindest ein Weilchen lässt sich auf diese Art das Draußen-Vergnügen verlängern. Und vielleicht kann man bei dieser Gelegenheit schon einmal über das nächste Reiseziel in Frankreichs Süden nachdenken …

MEIN UNBESCHWERTES SOMMERVERGNÜGEN: ESSEN UNTER FREIEM HIMMEL!

TIAN DE LÉGUMES

GEMÜSEGRATIN

Im Süden Frankreichs reicht man den tian *als Beilage zu Fisch und Fleisch aus der Pfanne oder vom Grill, uns schmeckt das sonnenverwöhnte Gemüse mit würzigem Ziegenkäse gratiniert als leichtes Sommeressen.*

FÜR 4 PORTIONEN

Zubereitungszeit: ca. 35 Min.
Garzeit: ca. 1 Std.
Pro Portion: ca. 460 kcal

500 g kleine Zucchini | 1 Aubergine
600 g Tomaten | 600 g Kartoffeln
2 Zwiebeln | 2–3 Knoblauchzehen
9 EL Olivenöl | 6 Lorbeerblätter
je 4–6 kleine Zweige Thymian
und Bohnenkraut
Meersalz | Pfeffer | 2 TL Fenchelsamen
8 EL Gemüsebrühe
150 g fester Ziegenfrischkäse
(Ziegenrolle)

Außerdem:
ofenfeste weite Form

1. Die Zucchini, die Aubergine und die Tomaten waschen, putzen und in dünne Scheiben schneiden. Die Kartoffeln und die Zwiebeln schälen und in feine Scheiben schneiden. Den Knoblauch schälen und fein hacken. Den Backofen auf 200° vorheizen.

2. Die Form mit 1 EL Öl bestreichen. Das Gemüse und die Lorbeerblätter abwechselnd aufrecht hineinschichten. Den Thymian und das Bohnenkraut waschen und trocken schütteln. Die Blättchen abzupfen und über das Gemüse streuen. Alles mit Meersalz und Pfeffer würzen und mit Fenchelsamen bestreuen.

3. Das restliche Olivenöl und die Brühe verrühren und über das Gemüse gießen. Das Gemüse im Ofen (Mitte) insgesamt 50–60 Min. backen, bis es gar und gut gebräunt ist, dabei nach ca. 30 Min. den Ziegenkäse in Stückchen bröckeln, auf dem Gemüse verteilen und mitbacken. Den Auflauf herausnehmen und servieren.

MEINE VARIANTE

Für eine herzhaftere Variante lassen Sie den Ziegenkäse weg und geben stattdessen eine Mischung aus 6–8 klein geschnittenen Sardellen, 2 EL Kapern und 4 EL grob gehackten schwarzen Oliven zum Gemüse – so schmeckt der tian *auch köstlich als Beilage zu gegrillten Sardinen oder Makrelen.*

RAVIOLES AU PISTOU

RAVIOLI MIT PISTOU

In Nizza und Umgebung gibt es viele Rezepte für Ravioli. Denn Italien ist nicht weit, und die italienischen Wurzeln sind nicht zu übersehen. Mir schmecken die Nudeln mit Ziegenfrischkäse am allerbesten.

FÜR 4 PORTIONEN

Zubereitungszeit: ca. 1 Std. 30 Min.
Pro Portion: ca. 870 kcal

Für die Ravioli:
300 g Mehl (Type 405)
2 Eier (Größe M)
1 EL Olivenöl
Meersalz
50 g Pinienkerne
8 getrocknete Tomaten (in Öl eingelegt)
2 EL Semmelbrösel
1 Eigelb
250 g Ziegenfrischkäse
Pfeffer
Mehl zum Bestäuben

Für das Pistou:
3 Tomaten
1 großes Bund Basilikum
1–3 Knoblauchzehen
ca. 100 ml sehr gutes Olivenöl
Meersalz | Pfeffer

Außerdem:
Nudelmaschine
geriebener würziger Hartkäse zum Servieren (z. B. Gruyère, Comté oder Parmesan; nach Belieben)

1. Für den Nudelteig das Mehl, die Eier, das Olivenöl, knapp 1 TL Meersalz und 4–6 EL kaltes Wasser in 5–10 Min. zu einem glatten, elastischen Teig kneten. Den Teig in Frischhaltefolie wickeln und 30 Min. ruhen lassen.

2. Inzwischen für die Füllung die Pinienkerne in einer Pfanne ohne Fett goldbraun rösten, abkühlen lassen und grob hacken. Die Tomaten abtropfen lassen und fein würfeln. Pinienkerne, Tomaten, Semmelbrösel, Eigelb und Ziegenfrischkäse verrühren. Mit Meersalz und Pfeffer kräftig würzen und mit Frischhaltefolie abgedeckt beiseitestellen.

3. Für das Pistou die Tomaten über Kreuz einschneiden, überbrühen, kurz stehen lassen, dann häuten, entkernen und würfeln. Basilikum waschen und trocken schütteln. Die Blättchen abstreifen und grob hacken. Knoblauch schälen und grob hacken. Basilikum, Knoblauch und Olivenöl in einen hohen Becher geben und mit dem Pürierstab nicht zu fein pürieren. Tomatenwürfel unterrühren und das Pistou mit Meersalz und Pfeffer kräftig abschmecken.

4. Den Nudelteig kurz durchkneten. Mit der Nudelmaschine in zwei Portionen bis zur vorletzten Stufe fein ausrollen, dabei die Teigbahnen zwischendurch mit Mehl bestäuben. Jeweils 1–2 TL der Füllung in Häufchen auf einer Hälfte der Teigbahnen verteilen. Den Teig um die Füllung herum dünn mit Wasser bestreichen. Mit der zweiten Teigbahn bedecken und den Teig um die Füllung herum fest andrücken. Die Ravioli ausstechen oder ausschneiden.

5. In einem großen Topf reichlich Salzwasser aufkochen. Die Ravioli darin in 4–5 Min. bissfest kochen, mit einer Schaumkelle herausheben, etwas abtropfen lassen und auf tiefe Teller geben. Das Pistou daraufgeben. Nach Belieben noch mit etwas Gruyère, Comté oder Parmesan bestreuen und servieren.

QUICHE AUX POIREAUX ET LARDONS

QUICHE MIT LAUCH UND SPECK

Der buttrige Quarkmürbeteig ähnelt Blitzblätterteig, ist aber schneller und einfacher gemacht. Somit sei ihm verziehen, dass er nicht französischen Ursprungs ist, geschmacklich passt er vorzüglich zur saftigen Quiche.

FÜR 1 QUICHE- ODER SPRINGFORM (28 CM Ø)

Zubereitungszeit: ca. 2 Std. 30 Min.
Bei 8 Stücken pro Stück: ca. 600 kcal

Für den Mürbeteig:
200 g Weizenmehl (Type 405)
150 g kalte Butter
125 g trockener Magerquark
Meersalz

Für den Belag:
1 Zwiebel
1–2 Knoblauchzehen
1/2 Bund glatte Petersilie
150 g durchwachsener Räucherspeck
800 g Lauch
2 EL Olivenöl
2 TL Thymianblättchen
250 g Crème fraîche
3 Eier (Größe M)
Meersalz | Pfeffer
frisch geriebene Muskatnuss
125 g Gruyère oder Bergkäse

Außerdem:
Mehl zum Arbeiten
Backpapier und getrocknete Hülsenfrüchte zum Vorbacken

1. Für den Mürbeteig das Mehl, die kalte Butter in Flöckchen, den Quark und 1/2 TL Meersalz auf die Arbeitsfläche geben. Mit einem großen Messer durchhacken, bis sich grobe Streusel bilden, dann mit den Händen rasch zu einer glatten Teigkugel verkneten. In Frischhaltefolie wickeln und 1 Std. im Kühlschrank ruhen lassen.

2. Inzwischen für den Belag die Zwiebel und den Knoblauch schälen und fein würfeln. Die Petersilie waschen und trocken schütteln. Die Blättchen abzupfen und grob hacken. Den Räucherspeck in Streifen schneiden. Den Lauch putzen und der Länge nach halbieren. Die Stangen unter fließendem kaltem Wasser gründlich waschen und in 1 cm breite Streifen schneiden. Das Öl in einem Topf erhitzen. Die Speckstreifen darin bei mittlerer bis starker Hitze knusprig braten und auslassen. Zwiebel, Knoblauch, Lauch, Petersilie und die Thymianblättchen hinzufügen und ca. 10 Min. offen dünsten, dabei ab und zu rühren. Es sollte sich keine Flüssigkeit bilden.

3. Den Backofen auf 200° vorheizen. Die Form einfetten. Den Teig auf wenig Mehl ca. 1 cm dick ausrollen, dann zur Hälfte umklappen und erneut ausrollen. Den Teig ein zweites Mal zur Hälfte umklappen, nun etwas größer als die Form ausrollen und die Form damit auskleiden. Den Teigboden mit einer Gabel mehrmals einstechen. Mit Backpapier und getrockneten Hülsenfrüchten belegen. Im Ofen (Mitte) 15 Min. vorbacken.

4. Inzwischen Crème fraîche und Eier verquirlen und mit Meersalz, Pfeffer und Muskatnuss herzhaft würzen. Den Käse reiben und zwei Drittel davon unter die Lauchmischung rühren. Die Form aus dem Ofen nehmen, Backpapier und Hülsenfrüchte entfernen und den Lauch auf dem Teig verteilen. Die Eiermischung daraufgießen und den übrigen Käse daraufstreuen. Die Quiche im Ofen (Mitte) in weiteren 30–35 Min. goldgelb backen. Aus dem Ofen nehmen und heiß oder lauwarm servieren.

GIGOT D'AGNEAU AUX PETITS LÉGUMES

LAMMKEULE MIT GEMÜSE

Ein tolles Essen für eine lockere Runde und damit ganz so, wie ich es gerne mag: Es lässt sich gut vorbereiten, das Gemüse schmort als Beilage gleich mit, und ich habe genug Zeit, mich entspannt um apéro *und Gäste zu kümmern!*

FÜR 6 PORTIONEN

Zubereitungszeit: ca. 2 Std. 30 Min.
Pro Portion: ca. 735 kcal

1 Lammkeule mit Knochen (ca. 1,8 kg)
3 EL Olivenöl
Meersalz | Pfeffer
je 5–6 Zweige Rosmarin, Thymian und Bohnenkraut
1 frische Knoblauchknolle
400 g zarte Bundmöhren
400 g Fenchelknollen
400 g Schalotten
1 dicke Stange Lauch
500 g festkochende Kartoffeln
250 g Kirschtomaten
5 Lorbeerblätter
125 ml trockener Weißwein
200 ml Lamm- oder Rinderfond

1. Den Backofen auf 200° vorheizen. Die Lammkeule kalt waschen und trocken tupfen. In einem weiten Bräter das Olivenöl erhitzen. Die Lammkeule darin rundherum bei mittlerer Hitze in ca. 15 Min. kräftig braun anbraten, mit Meersalz und Pfeffer würzen und dann im offenen Bräter zunächst ca. 45 Min. im Ofen (Mitte) garen.

2. Inzwischen die Kräuter waschen und gut trocken schütteln. Die Knoblauchknolle quer halbieren. Die Möhren schälen. Die Fenchelknollen putzen, waschen und längs halbieren, den Strunk herausschneiden. Den Fenchel in grobe Stücke schneiden. Die Schalotten schälen und je nach Größe ganz lassen oder halbieren. Den Lauch gründlich putzen, waschen und in ca. 5 cm lange Stücke schneiden. Die Kartoffeln waschen und dabei kräftig schrubben oder schälen, dann längs halbieren. Die Kirschtomaten waschen.

3. Nach 45 Min. Garzeit die Lammkeule wenden. Den Knoblauch, die Kartoffeln, die Kräuter und die Lorbeerblätter um die Lammkeule herum in den Bratensaft legen und mit Meersalz und Pfeffer würzen. Den Weißwein und den Fond dazugießen. Alles im Backofen (Mitte) weitere 30 Min. braten. Dann Fenchel, Lauch, Möhren und Tomaten dazugeben und weitere 30 Min. garen.

4. Die Lammkeule aus dem Bräter nehmen und in Alufolie gewickelt 10 Min. ruhen lassen. Das Gemüse mit Meersalz und Pfeffer abschmecken. Das Fleisch in Scheiben vom Knochen schneiden und mit dem Gemüse und dem Bratenfond servieren.

FILET DE SANDRE AUX LENTILLES

ZANDERFILET MIT LINSEN

Schon am Hamburger Traditionsgericht »Pannfisch« liebe ich die Kombination aus Fisch und Senfsauce. Wenn der Fisch dann noch – so wie bei diesem Rezept – auf feine Linsen gebettet ist, jubelt auch die Schwäbin in mir.

FÜR 4 PORTIONEN

Zubereitungszeit: ca. 1 Std. 15 Min.
Pro Portion: ca. 530 kcal

Für die Linsen:
200 g grüne Le-Puy-Linsen
1 Lorbeerblatt
1 Gewürznelke
150 g Möhren
150 g Knollensellerie
1 Zwiebel
1 EL Olivenöl
125 ml Hühner- oder Gemüsefond
1/2 Bund glatte Petersilie
1 EL Tomatenmark
2 EL Aceto balsamico
Meersalz | Pfeffer

Für die Sauce und den Fisch:
2 Schalotten
6 EL trockener Weißwein
4 EL Weißweinessig
100 g Sahne
1 EL körniger Senf
2 TL Dijonsenf
Meersalz | Pfeffer
4 Zanderfilets mit Haut (à ca. 150 g)
3 EL Olivenöl
1 EL Butter

1. Die Linsen in kochendem Wasser mit Lorbeer und Nelke ca. 20 Min. gar (aber nicht zu weich) kochen, dann in ein Sieb abgießen, abtropfen lassen und die Gewürze entfernen. Möhren, Knollensellerie und Zwiebel schälen und in feine Würfel schneiden.

2. Das Olivenöl in einer Pfanne erhitzen, die Gemüsewürfel darin ca. 5 Min. anbraten. Die Linsen und den Fond hinzufügen. Petersilie waschen, trocken schütteln, die Blättchen abzupfen und grob hacken. Tomatenmark, Balsamico und Petersilie unter das Linsengemüse mischen und alles mit Meersalz und Pfeffer abschmecken.

3. Für die Senfsauce die Schalotten schälen und fein hacken, dann mit dem Weißwein und dem Essig in einen kleinen Topf geben und aufkochen. Flüssigkeit fast vollständig einkochen. Die Sahne hinzufügen und erhitzen, dann die Sauce durch ein Sieb gießen, die Schalotten gut ausdrücken. Beide Senfsorten unterrühren und die Sauce mit Meersalz und Pfeffer abschmecken.

4. Die Zanderfilets kalt waschen, gut trocken tupfen und die Haut mit einem scharfen Messer rautenförmig einritzen. In einer weiten Pfanne das Öl erhitzen, die Fischfilets salzen, pfeffern und mit der Hautseite nach unten hineinlegen. Bei mittlerer Hitze ca. 5 Min. anbraten. Dann die Filets wenden, die Butter hinzufügen und die Filets weitere 3 Min. braten.

5. Währenddessen das Linsengemüse und die Senfsauce erwärmen, aber nicht aufkochen. (Sie könnte gerinnen.) Die Sauce mit dem Pürierstab kurz aufschäumen. Das Linsengemüse auf Teller geben, den Fisch darauf anrichten und mit etwas Sauce umgießen.

GRATIN DAUPHINOIS

KARTOFFELGRATIN

Ein Klassiker, der bei uns in der kalten Jahreshälfte häufiger auf den Tisch kommt und der einfach satt und glücklich macht. Damit keine Langeweile aufkommt, ersetze ich manchmal auch einen Teil der Kartoffeln durch Wurzelgemüse wie Pastinaken, Petersilienwurzeln oder Topinambur.

FÜR 4 PORTIONEN

Zubereitungszeit: ca. 30 Min.
Garzeit: 50–60 Min.
Pro Portion: ca. 540 kcal

1–2 Knoblauchzehen
300 g Crème fraîche
150 ml Milch
Meersalz | Pfeffer
frisch geriebene Muskatnuss
100 g Gruyère
1 kg Kartoffeln (am besten eine vorwiegend festkochende Sorte)

Außerdem:
ofenfeste Form
Butter für die Form

1. Den Backofen auf 180° vorheizen. Die Form einfetten. Den Knoblauch schälen. Die Crème fraîche und die Milch verquirlen, den Knoblauch dazupressen und alles mit Meersalz, Pfeffer und Muskatnuss kräftig würzen.

2. Den Käse reiben. Die Kartoffeln schälen und in sehr dünne Scheiben schneiden oder hobeln. (Wenn es besonders schnell gehen soll, überlassen Sie das Hobeln am besten dem Schneideaufsatz Ihrer Küchenmaschine.)

3. Die Kartoffelscheiben dachziegelartig in die Form legen, dabei zwischendurch leicht salzen und die Hälfte des Käses darauf verteilen. Die Crème-fraîche-Mischung darübergießen und den restlichen Käse darauf verteilen. Im Ofen (unten) 50–60 Min. garen, bis die Kartoffeln gar sind und die Oberfläche goldbraun ist.

MEIN BEILAGENTIPP

Dazu schmeckt uns eine große Schüssel mit knackigem Salat, im Sommer gerne mit Tomaten und Kräutern, im Winter mit fein gehobeltem Fenchel. Aber natürlich begleiten die sahnigen Kartoffeln auch gern ein Steak, Hähnchen- oder Schmorgerichte.

TRANCHES DE LOTTE EN RATATOUILLE

SEETEUFELMEDAILLONS AUF RATATOUILLE

Ratatouille koche ich normalerweise gleich in größeren Mengen, schmeckt es mir aufgewärmt doch fast noch besser. Diese etwas feinere Variante ist die perfekte Unterlage für die saftige lotte, *wie der Seeteufel auf der anderen Rheinseite genannt wird.*

FÜR 4 PORTIONEN

Zubereitungszeit: ca. 55 Min.
Pro Portion: ca. 665 kcal

8 Seeteufelmedaillons (à ca. 100 g, beim Fischhändler evtl. vorbestellen)
8 dünne Scheiben durchwachsener Räucherspeck
je 1 rote und grüne Paprikaschote
1 kleiner Zucchino
1 kleine Aubergine
4 Tomaten
1 Zwiebel
2–3 Knoblauchzehen
1–2 Stängel Basilikum
6 EL Olivenöl zum Braten
200 ml Gemüsebrühe
1 EL Thymianblättchen
Meersalz | Pfeffer
1 Prise Zucker
1 TL abgeriebene Bio-Zitronenschale
2 TL schwarze Oliventapenade (aus dem Glas oder selbst gemacht, siehe Variante Seite 39)
2 EL sehr gutes Olivenöl

Außerdem:
Mehl zum Bestäuben
Holzspießchen

1. Die Seeteufelmedaillons kalt abwaschen und sehr gut trocken tupfen. Jedes Medaillon dünn mit Mehl bestäuben, überschüssiges Mehl abklopfen. Mit 1 Scheibe Speck umwickeln und diese jeweils mit Holzspießchen feststecken.

2. Die Paprikaschoten, den Zucchino und die Aubergine waschen, putzen und in ca. 1 cm große Würfel schneiden. Die Tomaten über Kreuz einschneiden, überbrühen, kurz stehen lassen, häuten, entkernen und ebenfalls fein würfeln. Die Zwiebel und den Knoblauch schälen und fein würfeln. Das Basilikum waschen und trocken schütteln. Die Blättchen abzupfen.

3. In einer weiten Pfanne 4 EL Olivenöl zum Braten erhitzen, dann die Zwiebel-, Paprika-, Zucchini- und Auberginenwürfel darin ca. 4 Min. kräftig anbraten. Tomaten, Knoblauch, Gemüsebrühe, die Hälfte der Thymianblättchen, 1 Prise Meersalz, Pfeffer und Zucker hinzufügen und alles weitere 5 Min. bei kleiner Hitze andünsten.

4. Währenddessen in einer zweiten Pfanne das übrige Olivenöl zum Braten erhitzen. Die Seeteufelmedaillons hineingeben, salzen und pfeffern und 3 Min. auf einer Seite bei mittlerer Hitze anbraten. Die Medaillons wenden und weitere 2 Min. braten. Mit übrigem Thymian und der Zitronenschale bestreuen. Die Tapenade mit dem sehr guten Olivenöl verrühren.

5. Das Ratatouille auf Teller geben und die Seeteufelmedaillons darauf anrichten. Mit etwas Tapenadenöl beträufeln und mit den Basilikumblättchen bestreut servieren.

QUICHE DE BLETTES AU SAUMON

MANGOLD-LACHS-QUICHE

Diese würzige Quiche lässt sich prima zum Picknick oder Strandausflug mitnehmen. In der Provence wird Mangold übrigens nicht nur zu herzhaften Gerichten, sondern auch zu süßen tourtes *verarbeitet.*

FÜR 1 QUICHE- ODER SPRINGFORM (28 CM Ø)

Zubereitungszeit: ca. 1 Std. 15 Min.
Backzeit: ca. 40 Min.
Bei 8 Stücken pro Stück: ca. 580 kcal

Für den Mürbeteig:
350 g Weizenmehl (Type 405)
Meersalz
150 g kalte Butter
1 Ei (Größe M)

Für die Füllung:
1 kg Mangold
1 große Zwiebel
1–2 Knoblauchzehen
2 EL Olivenöl
Meersalz | Pfeffer
3 EL Noilly Prat (trockener weißer Wermut; nach Belieben)
1/4 TL Safranfäden
250 g Crème fraîche
2 Eier (Größe M)
1 Eiweiß
1 TL abgeriebene Bio-Zitronenschale
300 g Lachsfilet
40 g Parmesan

Außerdem:
Mehl zum Arbeiten
Butter für die Form
1 Eigelb und 1 EL Milch zum Bestreichen

1. Für den Mürbeteig das Mehl und gut 1/2 TL Meersalz auf der Arbeitsfläche mischen. Die kalte Butter in Flöckchen daraufgeben und alles mit den Fingerspitzen zu feinen Streuseln zerreiben. Das Ei und 3 EL kaltes Wasser dazugeben und alles rasch zu einer glatten Teigkugel verkneten. In Frischhaltefolie wickeln und 30 Min. im Kühlschrank ruhen lassen.

2. Inzwischen für die Füllung den Strunk vom Mangold abschneiden. Den Mangold waschen und trocken schütteln. Die Stiele und Blattrippen in 1 cm breite, die Blätter in ca. 2 cm breite Streifen schneiden. Zwiebel und Knoblauch schälen und in feine Würfel schneiden. Das Öl in einem Topf erhitzen, Zwiebel und Knoblauch darin glasig dünsten. Die Mangoldstiele dazugeben und unter Rühren 3 Min. anbraten. Die Mangoldblätter hinzufügen, mit Meersalz und Pfeffer würzen, Wermut oder 3 EL Wasser hinzufügen und alles bei mittlerer Hitze ca. 5 Min. unter Rühren andünsten.

3. Den Ofen auf 200° vorheizen. Die Form einfetten. Die Safranfäden in 1 EL heißem Wasser auflösen. Die Crème fraîche, die Eier, das Eiweiß, das Safranwasser und die abgeriebene Zitronenschale verrühren und mit Meersalz und Pfeffer herzhaft abschmecken. Das Lachsfilet kalt waschen, trocken tupfen und in kleine Stücke schneiden. Den Parmesan reiben.

4. Zwei Drittel des Teiges auf wenig Mehl ausrollen und die Form damit auskleiden. Den übrigen Teig ausrollen und in fingerbreite Streifen schneiden. Den gedünsteten Mangold, die Lachsstückchen und den Parmesan vermischen und auf dem Teigboden verteilen. Die Eiermischung daraufgießen. Die Teigstreifen diagonal wie ein Gitter auf die Füllung legen und mit dem Teigrand festdrücken. Eigelb und Milch verquirlen und die Teigstreifen damit bestreichen. Die Quiche im Ofen (Mitte) in ca. 40 Min. goldgelb backen. Aus dem Ofen nehmen und heiß servieren.

NICHTS WIE RAN AN DIE … MERGUEZ!

Ob die würzigen Würstchen nun marokkanischen, tunesischen oder algerischen Ursprungs sind, darüber mag ich mir keineswegs ein Urteil bilden – ich spreche lieber von »Würsten nordafrikanischen Ursprungs«. In Frankreich jedenfalls sind Merguez seit Jahrzehnten fast überall zu bekommen, ob beim Metzger oder im Supermarkt. Sie sind von keiner fête du village *wegzudenken, man kann sie in scharfe Harissa dippen oder als* sandwich merguez frites *verspeisen.*

In unseren Großstädten gehören die roten schlanken Würste im Sommer neben Thüringern und grober Bratwurst mittlerweile zum sommerlichen Grillangebot dazu. Nachdem es allerdings auch in Hamburg vor wenigen Jahren noch keine Selbstverständlichkeit war, spontan und ohne Vorbestellung Merguez kaufen zu können, machte ich mich irgendwann einfach selbst ans Wurstmachen. Mit großem Erfolg! Denn das Schöne am Selber-Wursten ist, dass man eine unverwechselbare Wurst mit vollem Gewürzaroma kreieren kann.

MERGUEZ À LA MAISON

Meine wichtigster Kauf waren damals der Fleischwolf und das Wurst-Füllhorn für meine Küchenmaschine, mit der das Füllen sehr erleichtert wird. Die ersten Versuche führten wir zu dritt in der Küche aus. Die eine Tochter stopfte das würzige Brät in den Fülltrichter,

die zweite Tochter bediente die Maschine auf meinen Zuruf (»An! Nein, stopp! Nochmal an. Langsam, ich komme nicht nach. Aus, stopp …«), und ich versuchte, den gefüllten Schafsdarm alle 15 cm abzudrehen. Am Ende sahen die Würste auf alle Fälle selbst gemacht aus: Die einen waren eher fingerkurz, die anderen dagegen besaßen Überlänge, manche waren prall gefüllt, andere hingegen wirkten etwas jämmerlich … Aber der Stolz auf unsere ersten selbst gemachten Würste war trotzdem immens groß, und so konnten wir über solche Details großzügig hinwegsehen. Denn mit dem Geschmack waren wir sehr zufrieden!

Bevor Sie sich ans Füllen der Saitlinge machen, rate ich Ihnen unbedingt, zunächst aus der Wurstmasse eine kleine Frikadelle zu braten. Dann können Sie gegebenenfalls noch geschmacklich eingreifen: Braucht die Wurstmasse noch etwas Salz? Fehlt ein wenig Harissa? Oder vielleicht auch eine Prise Ras el Hanout, die traditionelle nordafrikanische Gewürzmischung mit dem blumig-vollmundigen Aroma?

Seit unseren ersten Übungen hat uns die Freude am Wurstmachen nicht verlassen. Probieren Sie es auch mal aus! Laden Sie ein paar Freunde oder Nachbarn ein, werfen Sie den Grill an und legen Sie Ihre selbst gemachten Merguez darauf – die leckeren Würstchen werden große Begeisterung finden! Ach, wenn doch nur schon wieder Sommer wäre!

UNWIDERSTEHLICH: SELBST GEMACHTE WÜRSTE VOM GRILL

MERGUEZ

LAMMBRATWÜRSTE

Die scharfen Würste gehören in Frankreich zum Standardprogramm jedes bouchers, *jedes Metzgers, der etwas auf sich und seine* charcuterie *hält. Mit diesem Rezept können Sie es ihm nachtun!*

FÜR CA. 16 STÜCK

Zubereitungszeit: ca. 1 Std. 45 Min.
Kühlzeiten: insgesamt ca. 4 Std. 30 Min.
Pro Stück: ca. 95 kcal

500 g durchwachsenes Rindfleisch
500 g durchwachsenes Lammfleisch (z. B. Brust oder Schulter)
1 TL Koriandersamen
1 TL Kreuzkümmelsamen
1 TL Fenchelsamen
1 große Zwiebel
3–4 Knoblauchzehen
1 EL edelsüßes Paprikapulver
1 TL Zimtpulver
1–2 TL Ras el Hanout
2 EL Essig
1–2 EL Harissa (scharfe Würzpaste)
Meersalz
2 m Schafssaitling (Bratwurstdarm, Kaliber 22/24, beim Metzger vorbestellen)
5 Stängel Minze

Außerdem:
Fleischwolf
Küchenmaschine mit Wurstaufsatz oder Spritzbeutel mit mittlerer Lochtülle
evtl. Olivenöl zum Braten

1. Beide Fleischsorten in ca. 3 cm große Würfel schneiden und in eine Schüssel geben. Koriander, Kreuzkümmel und Fenchel im Mörser mittelgrob zerstoßen. Zwiebel und Knoblauch schälen und fein würfeln. Mit den zerstoßenen Gewürzen, Paprika, Zimt, Ras el Hanout, Essig, Harissa und 2 1/2 TL Meersalz zum Fleisch geben. Alles mit den Händen kräftig durchmischen, dann die Schüssel abdecken und das Fleisch im Kühlschrank 4 Std. marinieren.

2. Den Schafssaitling 30 Min. in einer Schüssel mit kaltem Wasser einweichen, dann gründlich ausspülen.

3. Das marinierte Fleisch zweimal nacheinander durch die mittlere Scheibe des Fleischwolfs drehen. Die Minze waschen, trocken schütteln, die Blättchen abzupfen und sehr fein hacken. Zur Wurstmasse geben und diese in der Küchenmaschine 2 Min. kräftig durchkneten, sodass sie Bindung bekommt. Mit angefeuchteten Händen aus der Masse einen Probekloß formen und in etwas Öl rundherum anbraten. Probieren und bei Bedarf nachwürzen: Die gegarte Wurstmasse schmeckt nämlich weniger würzig als die rohe Masse!

4. Den gewässerten Schafssaitling auf die Tülle des Wurstaufsatzes der Küchenmaschine aufziehen und das Ende zudrehen. Wer keine Küchenmaschine hat, füllt die Wurstmasse in einen Spritzbeutel mit mittlerer Lochtülle. Die Wurstmasse gleichmäßig und locker in den Saitling füllen (nicht zu viel, sonst platzen die Würste beim Braten!) und alle 15–20 cm den Saitling einige Male abdrehen, sodass die Füllung beim Braten nicht herauskommt. Auf diese Weise die ganze Wurstmasse verarbeiten. Die Würste abgedeckt im Kühlschrank 30 Min. durchziehen lassen.

5. Die Würste entweder in einer Pfanne portionsweise in Olivenöl bei mittlerer Hitze rundum hellbraun braten. Oder auf dem Holzkohlegrill bei mittlerer Hitze grillen.

CÔTES DE PORC AUX POMMES

SCHWEINEKOTELETTS MIT ÄPFELN

Calvados, Cidre und Crème fraîche zusammen ergeben eine solch wunderbare Sauce, da werden die deftigen Koteletts schon fast zur Nebensache. Halten Sie reichlich Baguette zum Aufdippen bereit!

FÜR 4 PORTIONEN

Zubereitungszeit: ca. 40 Min.
Pro Portion: ca. 795 kcal

4 EL Öl zum Braten
4 dicke, gut durchwachsene Schweinekoteletts mit Knochen (à ca. 300 g)
Meersalz | Pfeffer
4 cl Calvados (Apfelschnaps)
2 Schalotten
2 EL Butter
250 ml trockener Cidre
250 ml Hühnerbrühe
200 g Crème fraîche
2 große säuerliche Äpfel (z. B. Reinetten oder Cox orange)
1 EL brauner Zucker
1 EL Majoranblättchen

Außerdem:
ofenfeste Form

1. Den Backofen auf 150° vorheizen. Je 2 EL Öl in zwei Pfannen erhitzen und je 2 Koteletts darin in 2–3 Min. kräftig anbraten. Die Koteletts wenden, salzen und pfeffern und weitere 2 Min. anbraten. Das Fett bis auf einen kleinen Rest abgießen, jeweils 2 cl Calvados in die Pfanne gießen und kurz flambieren. Dann die Koteletts herausnehmen, in eine ofenfeste Form legen und ca. 15 Min. im Ofen (Mitte) weitergaren.

2. Inzwischen die Schalotten schälen und in feine Würfel schneiden. Die Pfannen säubern und in einer davon 1 EL Butter erhitzen. Die Schalottenwürfel darin glasig dünsten. Mit Cidre ablöschen, Hühnerbrühe und Crème fraîche dazugeben. Alles bei kleiner Hitze 5–10 Min. einkochen, dann mit Meersalz und Pfeffer würzen.

3. Während die Sauce einkocht, die Äpfel waschen, vierteln, die Kerngehäuse entfernen und die Viertel in dicke Spalten schneiden. In der zweiten Pfanne die übrige Butter aufschäumen und die Apfelspalten darin bei mittlerer Hitze ca. 2 Min. anbraten. Den braunen Zucker darüberstreuen und leicht karamellisieren. Majoran unterrühren und die Äpfel zugedeckt warm halten.

4. Die Koteletts aus dem Ofen nehmen und den Fleischsaft, der sich gebildet hat, zur Cidresauce gießen. Die Sauce erhitzen und mit Meersalz und Pfeffer abschmecken. Die Koteletts hineinlegen und in der Sauce ca. 3 Min. erwärmen. Die Koteletts mit der Sauce und den karamellisierten Äpfeln anrichten.

PISSALADIÈRE

PROVENZALISCHER ZWIEBELKUCHEN

Unzählige pissaladières *habe ich schon gekostet, mit Hefe- oder Blätterteig, im Bistro, vom* boulanger *oder auf einer* fête du village. *Hier nun meine Version des südfranzösischen Klassikers, der bei meiner Familie heiß begehrt ist!*

FÜR 1 BACKBLECH

Zubereitungszeit: ca. 1 Std.
Ruhezeit: ca. 1 Std.
Backzeit: ca. 25 Min.
Bei 12 Stücken pro Stück: ca. 170 kcal

Für den Hefeteig:
300 g Weizenmehl (Type 550)
10 g Hefe (ca. 1/4 Würfel; am besten Bio-Hefe)
1/2 TL Zucker
Meersalz
3 EL Olivenöl

Für den Belag:
1 kg Zwiebeln
3 EL Olivenöl
je 6–8 Zweige Bohnenkraut und Thymian
Meersalz | Pfeffer
50 g Sardellen (in Öl eingelegt)
75 g kleine schwarze Oliven mit Stein

Außerdem:
Mehl zum Arbeiten
Öl für das Blech

1. Für den Hefeteig das Mehl in eine Schüssel geben, in die Mitte eine Mulde drücken und die Hefe hineinbröckeln. Den Zucker darüberstreuen. Die Hefe mit knapp 200 ml lauwarmem Wasser und etwas Mehl vom Rand zu einem Vorteig verrühren. Mit einem Küchentuch bedeckt an einem warmen Platz 15 Min. gehen lassen.

2. Inzwischen für den Belag die Zwiebeln schälen, halbieren und in dünne Spalten schneiden. Das Olivenöl in einer weiten Pfanne erhitzen. Die Zwiebelstreifen darin bei kleiner Hitze in 15–20 Min. goldgelb andünsten, dabei zwischendurch ab und zu umrühren. Die Kräuter waschen, trocken schütteln, die Blättchen von der Hälfte der Zweige abstreifen und unter die Zwiebeln rühren. Zwiebelstreifen mit Meersalz und Pfeffer würzen und beiseitestellen.

3. Zum gegangenen Vorteig 1 TL Meersalz und das Öl geben. Alles mit den Knethaken des Handrührgeräts oder in der Küchenmaschine zu einem glatten Teig verkneten. Danach den Teig mit den Händen auf der Arbeitsfläche weitere 5 Min. zu einem elastischen Teig verkneten. Den Teig in die Schüssel zurücklegen, die Schüssel mit einem Küchentuch bedecken und den Teig 1 Std. an einem warmen Platz gehen lassen, bis sich das Volumen verdoppelt hat.

4. Dann den Backofen auf 220° vorheizen. Ein Backblech einfetten. Den Hefeteig mit den Händen noch einmal auf wenig Mehl durchkneten, dann 5 Min. ruhen lassen. Den Teig in Backblechgröße ausrollen und auf das Backblech legen. Die beiseitegestellten Zwiebeln und die übrigen Kräuterzweige darauf verteilen. Die Sardellen abtropfen lassen und mit den Oliven auf den Zwiebeln verteilen. Die Pissaladière im Ofen (Mitte) in ca. 25 Min. knusprig backen. Aus dem Ofen nehmen und heiß servieren.

BŒUF BOURGUIGNON

GESCHMORTES RINDFLEISCH AUS DEM BURGUND

So ein Bœuf *ist ein wunderbares Essen. Zunächst erfordert es zwar etwas Vorbereitungszeit, dann schmort es aber (fast) alleine vor sich hin. Mir schmeckt ein sahniges Kartoffelpüree am besten dazu.*

FÜR 4 PORTIONEN

Zubereitungszeit: ca. 45 Min.
Marinierzeit: ca. 12 Std.
Garzeit: mind. 2 Std. 30 Min.
Pro Portion: ca. 905 kcal

1 kg durchwachsenes Rindfleisch zum Schmoren (z. B. Unterschale; siehe Tipp)
2–3 Knoblauchzehen
2–3 kleine Zweige Thymian
1 große Zwiebel | 2 Lorbeerblätter
1 Flasche guter Rotwein (aus dem Burgund)
1 große Möhre
3 EL neutrales Öl | 1 gehäufter EL Mehl
500 ml Rinderbrühe | Meersalz
Pfeffer | 300 g kleine Schalotten
100 g Speck | 250 g kleine Champignons
30 g Butter | 1 EL brauner Zucker

MEIN PRAXISTIPP

Fragen Sie Ihren Metzger nach Rindfleisch, das sich zum Schmoren gut eignet. Ich bevorzuge für mein Bœuf bourguignon die Unterschale, da sie etwas gröbere, längere Fleischfasern hat und stärker durchzogen ist als die etwas magerere Rinderschulter.

1. Am Vorabend das Fleisch in ca. 6 × 6 cm große Würfel schneiden und in eine Schüssel geben. Den Knoblauch schälen und dazupressen. Thymian waschen und trocken schütteln. Die Zwiebel schälen, grob würfeln und mit Thymian und Lorbeer zum Fleisch geben. Den Rotwein dazugießen. Die Schüssel abdecken und das Fleisch im Kühlschrank über Nacht marinieren.

2. Am nächsten Tag das Fleisch aus der Marinade nehmen, abtropfen lassen und trocken tupfen. Die Möhre schälen und in kleine Würfel schneiden.

3. In einem Bräter das Öl erhitzen und die Fleischwürfel darin rundherum in 4–6 Min. bei großer Hitze kräftig anbraten. Die Möhrenwürfel dazugeben, das Mehl darüberstäuben und alles mit etwas Marinade ablöschen. Restliche Marinade samt Zwiebeln, Lorbeer und Thymian sowie die Rinderbrühe dazugießen. Alles leicht salzen, pfeffern und aufkochen. Dann die Hitze reduzieren und das Fleisch im Bräter zugedeckt bei kleiner Hitze ca. 2 1/2 Std. schmoren. Mit einer Fleischgabel hineinstechen. Lässt sich die Gabel leicht herausziehen, ist das Fleisch gar, geht sie nur schwer heraus, das Fleisch noch 30 Min. weiterschmoren.

4. Inzwischen die Schalotten schälen, den Speck in dünne Streifen schneiden und die Champignons putzen. Die Butter in einer Pfanne erhitzen, die Schalotten darin rundherum in ca. 8 Min. goldgelb anbraten. Den Zucker darüberstreuen und kurz karamellisieren. Speck und Pilze hinzufügen und alles weitere 5 Min. braten.

5. Sobald das Fleisch gar ist, die Stücke aus der Sauce nehmen und abgedeckt warm halten. Die Pilzmischung mitsamt Sud unter die Sauce rühren. Die Sauce ca. 5 Min. einkochen und mit Meersalz und Pfeffer abschmecken. Das Fleisch in die Sauce geben und erhitzen. Mit Kartoffelpüree oder auch Bandnudeln servieren.

LOUP DE MER EN CROÛTE DE SEL

WOLFSBARSCH IN DER SALZKRUSTE

Sie wollen Ihre Gäste mal so richtig beeindrucken? Voilà, dann habe ich hier das Richtige für Sie! Schneiden Sie die Salzkruste direkt am Tisch auf, dann werden auch kulinarisch verwöhnte Menschen in großes Entzücken ausbrechen…

FÜR 4 PORTIONEN

Zubereitungszeit: ca. 30 Min.
Garzeit: 35–40 Min.
Pro Portion: ca. 335 kcal

3 kg grobes Meersalz
3 Eiweiß
1 Wolfsbarsch
(ca. 1,8 kg, küchenfertig)
1/2 Bio-Zitrone
1 Knoblauchzehe
4 Stängel glatte Petersilie
4 Zweige Thymian
Pfeffer

Außerdem:
Öl für das Blech

1. Für die Salzkruste das grobe Meersalz mit dem Eiweiß in einer großen Schüssel mischen. Nach und nach so viel kaltes Wasser unterrühren, bis die Masse streichfähig und formbar wird, insgesamt sind das 150–200 ml. Ein Backblech einölen und eine knappe Hälfte der Meersalzmasse in Form des Fisches daraufgeben.

2. Den Backofen auf 200° vorheizen. Den Fisch innen und außen gründlich waschen und trocken tupfen. Die Rücken- und Schwanzflosse mit einer Küchenschere abschneiden. Die Zitronenhälfte heiß waschen, trocken tupfen und in dünne Spalten schneiden. Den Knoblauch schälen und in Scheibchen schneiden. Die Kräuter waschen und trocken schütteln.

3. Den Fisch innen mit Pfeffer würzen, mit Zitrone, Knoblauch und Kräutern füllen und auf das Salzbett legen. Die übrige Salzmasse auf dem Fisch verteilen und mit angefeuchteten Händen der Form des Fisches anpassen. Das Blech in den Ofen (Mitte) schieben und den Fisch je nach Gewicht 35–40 Min. garen.

4. Zum Servieren das Blech aus dem Ofen nehmen. Die Salzkruste mit einem Sägemesser ringsum auf Höhe der Rückenflosse aufschneiden und den oberen Teil wie einen »Deckel« abnehmen. Die Haut des Fisches entfernen und das obere Fischfilet vorsichtig herauslösen. Dann die Mittelgräte entfernen und das untere Fischfilet ebenfalls herauslösen. Gleich genießen!

MEIN PRAXISTIPP

Wer sicher gehen will, dass der Fisch auch wirklich gar ist, schiebt ein Thermometer mit Temperaturfühler durch die Salzkruste in die Mitte des Fisches. Sobald 55–60° angezeigt werden, ist der Fisch gar.

FRANKREICHS STOLZ: VIVE LE VIN!

So wie gutes Essen und Wein zusammengehören, so bilden für mich auch Frankreich und Wein ein unzertrennliches Paar. Vielleicht haben Sie ebenfalls schon einmal beobachtet, wie selbstverständlich in unserem Nachbarland un pichet *oder* une bouteille de vin, *ein Krug also oder eine Flasche Wein, zum Mittagessen in einem Bistro dazugehören.*

Dabei spielt es keine Rolle, ob es sich um Arbeiter in ihrer Mittagspause handelt oder um ein offizielles Geschäftsessen – die Flasche Wein gehört zum Essen dazu wie das Baguette, wird aber keineswegs, und da unterscheiden wir uns deutlich von den Franzosen, immer geleert. Man trinkt ein paar Schlucke zum Essen, und manche halbvolle Flasche bleibt nach dem Verlassen des Bistros auf den Tischen stehen.

TOUR DU VIN

Wenn wir durch Frankreichs Landschaft fahren, lieben wir es, bei Weingütern Halt zu machen. Meistens steuern wir ein *château* oder eine *domaine* gezielt an. Manchmal verlassen wir aber auch spontan unsere geplante Route, nachdem wir ein verlockendes Schild am Straßenrand entdeckt haben. Dann brettern wir verschlungene Pfade entlang, bis wir schließlich vor dem Weingut anhalten, das unsere Neugier weckte. Nicht immer sind die dort angebotenen Tropfen Offenbarungen, manchmal kaufen wir eher aus Höflichkeit nur wenige Flaschen. In den meisten Fällen aber kommen wir mit mehreren Kartons beladen aus dem Weinkeller heraus. So haben wir schon einige Entdeckungen gemacht, und es gibt mittlerweile ein paar Weingüter, die wir regelmäßig anfahren, wenn wir wieder einmal in der gleichen Gegend sind. Zu unseren Favoriten gehören z. B. *Mas d'Espanet* bei Nîmes, die *Domaine Treloar* in Trouillas bei Perpignan und die *Domaine Laporte* in Perpignan.

LA DÉGUSTATION

Dem Weinkauf voraus geht immer die *dégustation*, die Verkostung. Und hier wird es richtig interessant, sobald die Besitzer, Madame oder Monsieur *le propriétaire*, merken, dass wir sowohl der französischen Sprache mächtig sind, als uns auch mit französischem Wein ein wenig auskennen. Häufig öffnen sie dann für uns die Tore zu den Weinkellern, wo die großen Stahl- oder Holzfässer lagern, und wir eine kleine Einführung in die Besonderheiten des Gutes und der produzierten Weine bekommen. Im Anschluss daran werden die Weine degustiert, wir notieren im Kopf die Merkmale und versuchen, uns all die Informationen, die wir erhalten, auch zu merken.

Sind Sie in französischen Städten unterwegs, kann ich Ihnen den Gang zum Weinladen ans Herz legen. Dort bekommen Sie eine kompetente Beratung, und Sie können in der Regel mehrere Weine verkosten. Das macht es auch sprachlich nicht so Versierten einfach, den passenden Wein auszuwählen.

GANZ WIE ES BELIEBT!

Vorbei die Zeiten der starren Regeln. Längst darf Weißwein nicht nur zu Fisch und hellem Geflügel, Rotwein zu dunklem Fleisch serviert werden. Auch die Zubereitungsart des Gerichtes, der Anlass sowie Ihre eigenen Vorlieben sollten Beachtung finden – erlaubt ist, was gefällt! In diesem Sinne: *À votre santé!*

ZU EINEM GUTEN ESSEN GEHÖRT EIN GUTER WEIN – SO EINFACH IST DAS!

STEAK FRITES

STEAK MIT POMMES FRITES

Die Vorliebe vieler Franzosen für halbrohes Steak bleu *oder* saignant *kann ich trotz meiner ausgeprägten Frankreich-Affinität nach wie vor nicht teilen, die Vorliebe für die unschlagbare Bistro-Klassiker-Kombi dafür umso mehr!*

FÜR 4 PORTIONEN

Zubereitungszeit: ca. 40 Min.
Pro Portion: ca. 635 kcal

Für die Pommes frites:
1 kg mehligkochende Kartoffeln (z. B. die Sorte Bintje)
1 l neutrales Öl zum Frittieren (z. B. Erdnussöl)
Meersalz

Für die Steaks:
4 Entrecôtes (à ca. 200 g)
Meersalz | Pfeffer
2 EL Olivenöl
2 EL Butter

Außerdem:
Senf, Mayonnaise oder Ketchup zum Servieren (nach Belieben)

1. Für die Pommes frites die Kartoffeln schälen und in knapp 1 cm breite Stäbchen schneiden, diese in eiskaltes Wasser legen. Zum Frittieren das Öl in einen hohen Topf geben und auf 160° erhitzen. (Der Test: ein Probe-Kartoffelstäbchen ins Fett geben. Wenn zischend große Bläschen aufsteigen, ist das Fett heiß genug.)

2. Die Kartoffelstäbchen portionsweise aus dem Eiswasser nehmen, auf ein Küchenhandtuch geben und gut trocken tupfen. Im heißen Öl portionsweise ca. 4 Min. frittieren, bis sie blassgelb sind. Dann mit einer Schaumkelle herausheben, abtropfen lassen und auf ein Backblech geben. Auf diese Weise alle Kartoffelstäbchen blassgelb vorfrittieren, dabei zwischendurch das Öl wieder erhitzen.

3. Das Öl nun auf 190° erhitzen. (Der Test: beim Hineintauchen der vorfrittierten Kartoffelstäbchen muss das Fett nun richtig stark sprudeln.) Die Pommes frites portionsweise ein zweites Mal frittieren, bis sie knusprig und goldbraun sind. Die fertigen Pommes frites herausheben, abtropfen lassen und mit Meersalz bestreuen.

4. Während die Pommes frittiert werden, die Steaks trocken tupfen und mit Meersalz und Pfeffer kräftig würzen. Das Öl in einer weiten Pfanne erhitzen, die Steaks hineingeben und von beiden Seiten je 1 Min. kräftig anbraten. Die Hitze reduzieren. Die Butter hinzugeben und die Steaks – je nach gewünschter Garstufe (siehe Tipp) – pro Seite 2–3 Min. weiterbraten. Dabei mehrmals mit der braun werdenden Butter begießen.

5. Die Steaks mit den Pommes frites anrichten und nach Belieben mit Senf, Mayonnaise oder Ketchup servieren.

MEIN PRAXISTIPP

Machen Sie die Daumen-Druckprobe: Bei einem medium (à point) *gebratenen Steak gibt das Fleisch bei Fingerdruck in der Mitte nach, zum Rand hin wird es deutlich fester.*

COQ AU VIN

HÄHNCHEN IN ROTWEIN

Auch wenn das französische Originalrezept nach einem Hahn verlangt, schmeckt es uns noch besser mit einer fleischigen Poularde – aus Bio- oder Freilandhaltung natürlich!

FÜR 4 PORTIONEN

Zubereitungszeit: ca. 1 Std. 45 Min.
Pro Portion: ca. 980 kcal

1 große Poularde (ca. 1,8 kg, vom Metzger in 8 Stücke geteilt)
2 EL Öl | 1 gehäufter EL Mehl
1 Flasche guter Rotwein (aus dem Burgund; siehe Tipp)
500 ml Hühnerbrühe
1 große Zwiebel
100 g Knollensellerie
2 Möhren
10 Zweige Thymian
2 Lorbeerblätter
Meersalz | Pfeffer
250 g Perlzwiebeln
100 g Räucherspeck in Scheiben
250 g kleine Champignons
30 g Butter | 1 EL Tomatenmark
1–2 Prisen Zucker
1/2 Bund glatte Petersilie

MEIN PRAXISTIPP

Nein, es muss nicht der allerbeste und -teuerste Wein sein, den Sie zum Schmoren verwenden, aber nehmen Sie auf jeden Fall einen guten Rotwein – die köstliche Sauce wird es Ihnen danken!

1. Die Poulardenstücke kalt waschen und sehr gut trocken tupfen. Das Öl in einem weiten Bräter erhitzen. Die Poulardenstücke darin rundherum in ca. 8 Min. goldbraun anbraten. Das Mehl darüberstäuben. Alles mit einem kräftigen Schuss Rotwein ablöschen. Den Wein einkochen, dann den restlichen Wein und die Hühnerbrühe dazugießen und alles aufkochen.

2. Die Zwiebel schälen und grob würfeln. Den Sellerie und die Möhren schälen und in kleine Würfel schneiden. Den Thymian waschen und trocken schütteln. Zwiebel-, Möhren- und Selleriewürfel sowie 5 Thymianzweige und die Lorbeerblätter mit in den Bräter geben. Alles mit Meersalz und Pfeffer würzen und bei kleiner Hitze zugedeckt ca. 1 Std. 15 Min. schmoren.

3. Inzwischen die Perlzwiebeln überbrühen, kurz stehen lassen, dann kalt abschrecken und schälen. Die Speckscheiben in dünne Streifen schneiden. Die Pilze putzen. Die Butter in einer Pfanne erhitzen und die Zwiebeln darin in ca. 7 Min. goldgelb anbraten. Den Speck und die Pilze hinzufügen und alles weitere 5 Min. kräftig anbraten. Mit Pfeffer würzen und zugedeckt warm halten.

4. Die geschmorten Poulardenstücke aus der Sauce nehmen und abgedeckt beiseitestellen. Die Pilzmischung mitsamt Sud und mit dem Tomatenmark zur Sauce geben. Alles aufkochen und die Sauce leicht sämig einkochen. Mit Meersalz, Pfeffer und Zucker abschmecken. Dann die Poulardenstücke wieder in die Sauce geben und nochmals kurz darin erhitzen.

5. Die Petersilie waschen, trocken schütteln, die Blättchen abzupfen und grob hacken. Thymianblättchen von den übrigen Zweigen abstreifen und mit der Petersilie über das Fleisch streuen. Das Hähnchen in Rotwein heiß servieren.

LES TARTES FLAMBÉES

FLAMMKUCHEN

HAUCHDÜNN MUSS DER KNUSPRIG-HERZHAFTE HEFETEIG SEIN, DER DIE GRUNDLAGE FÜR ALLERLEI LECKERE BELÄGE BILDET. IN STÜCKE GESCHNITTEN, DÜRFEN DIE TARTES FLAMBÉES AUCH GERN MIT DEN HÄNDEN GEGESSEN WERDEN – EIN RUSTIKALES VERGNÜGEN!

TARTE FLAMBÉE AUX OIGNONS ET LARDONS

FLAMMKUCHEN MIT ZWIEBELN UND SPECK

Die elsässische Version der Pizza, auf traditionelle Art belegt mit einem deftigen Belag aus Zwiebeln und Speck, schmeckt mir rund ums Jahr. Die saisonalen Varianten sorgen für Abwechslung in meinem Flammkuchen-Repertoire.

FÜR 6 STÜCK

Zubereitungszeit: ca. 50 Min.
Ruhezeit: ca. 1 Std.
Backzeit: 2 × 12–15 Min.
Pro Stück: ca. 710 kcal

Für den Hefeteig:
375 g Weizenmehl (Type 550)
125 g Roggenmehl (Type 1150)
20 g Hefe (ca. 1/2 Würfel; am besten Bio-Hefe)
1/2 TL Zucker
2 EL Rapsöl
Meersalz

Für den Belag:
400 g Zwiebeln
2 EL Rapsöl
200 g Räucherspeck (in 5 mm dünnen Scheiben)
200 g Schmand
200 g saure Sahne
Meersalz | Pfeffer

Außerdem:
Mehl zum Arbeiten
Öl für die Bleche

1. Mehlsorten in eine Schüssel geben, in die Mitte eine Mulde drücken und die Hefe hineinkrümeln. Mit Zucker bestreuen und mit 150 ml lauwarmem Wasser zu einem Vorteig verrühren. Abgedeckt an einem warmen Ort 15 Min. gehen lassen.

2. Dann zum Vorteig 150 ml lauwarmes Wasser, das Öl und 1 gehäuften TL Meersalz geben und alles in der Küchenmaschine gründlich zu einem glatten Teig verkneten. Danach den Teig mit den Händen auf der bemehlten Arbeitsfläche weitere 5 Min. kräftig zu einem elastischen Teig verkneten. Den Teig in die Schüssel zurücklegen, mit einem Küchentuch bedecken und weitere 45 Min. an einem warmen Platz gehen lassen, bis sich das Volumen verdoppelt hat.

3. Inzwischen für den Belag die Zwiebeln schälen, halbieren und in feine Streifen schneiden. Im Öl bei mittlerer Hitze in 5–10 Min. hellgelb andünsten. Die Pfanne vom Herd nehmen. Den Speck in schmale Streifen schneiden. Schmand und saure Sahne mit etwas Meersalz und Pfeffer verrühren.

4. Den Backofen auf 230° vorheizen. Teig auf wenig Mehl durchkneten, in sechs Portionen teilen und jede zu einem ovalen, 2–3 mm dünnen Fladen ausrollen. Zwei Backbleche einfetten, je drei Teigfladen darauflegen. Mit der Schmandcreme bestreichen, mit den Zwiebeln und dem Speck belegen und pfeffern. Ein Blech in den Ofen (unten) schieben und die Flammkuchen in 12–15 Min. knusprig-goldbraun backen. Das Blech herausnehmen. Die Flammkuchen auf dem zweiten Blech genauso backen. Flammkuchen ofenfrisch servieren.

FLAMMKUCHEN MIT SPARGEL UND BÄRLAUCH

FÜR 6 STÜCK

Zubereitungszeit: ca. 50 Min.
Ruhezeit: ca. 1 Std.
Backzeit: 2 × 12–15 Min.
Pro Stück: ca. 605 kcal

Teigzutaten wie im Grundrezept links

Für den Belag:
750 g weißer Spargel (möglichst dünne Stangen)
Meersalz
1 Bund Bärlauch
200 g Schmand
200 g saure Sahne
1 TL abgeriebene Bio-Zitronenschale
Pfeffer
40 g Pinienkerne
125 g Gruyère oder Bergkäse

1. Den Hefeteig wie im Grundrezept beschrieben zubereiten und gehen lassen. Inzwischen für den Spargel in einem Topf Salzwasser aufsetzen. Den Spargel waschen, die holzigen Enden abschneiden und die Spargelstangen dünn schälen. Den Spargel ins kochende Salzwasser geben und 5 Min. kochen, herausheben und gut abtropfen lassen. Bärlauch waschen, trocken tupfen und in feine Streifen schneiden. Mit Schmand, saurer Sahne, Zitronenschale und etwas Meersalz und Pfeffer verrühren.

2. Den Backofen auf 230° vorheizen. Den Hefeteig auf wenig Mehl kurz durchkneten und in sechs Portionen teilen, jede davon auf wenig Mehl zu einem ovalen, 2–3 mm dünnen Fladen ausrollen. Zwei Backbleche einfetten und jeweils drei Teigfladen darauflegen. Mit der Schmandcreme bestreichen, mit Spargel belegen und mit Pinienkernen bestreuen. Den Käse fein reiben und daraufstreuen. Die Flammkuchen wie im Grundrezept beschrieben backen und ofenfrisch servieren.

FLAMMKUCHEN MIT KÜRBIS UND ROQUEFORT

FÜR 6 STÜCK

Zubereitungszeit: ca. 40 Min.
Ruhezeit: ca. 1 Std.
Backzeit: 2 × 12–15 Min.
Pro Stück: ca. 650 kcal

Teigzutaten wie im Grundrezept links

Für den Belag:
600 g Hokkaido-Kürbis
4 EL Olivenöl
Meersalz | Pfeffer
1–2 Knoblauchzehen
200 g Schmand | 200 g saure Sahne
150 g Roquefort
3–4 Zweige Thymian
3 EL Kürbiskerne

1. Den Hefeteig wie im Grundrezept beschrieben zubereiten und gehen lassen. Inzwischen das weiche Innere vom Kürbis entfernen und den Kürbis (ungeschält) in ca. 1 cm dünne Spalten schneiden. In einer Pfanne das Öl erhitzen, die Kürbisspalten darin von beiden Seiten 2–3 Min. anbraten. Mit Meersalz und Pfeffer würzen, herausnehmen. Den Knoblauch schälen. Schmand und saure Sahne verrühren, den Knoblauch dazupressen und alles mit Meersalz und Pfeffer würzen.

2. Den Backofen auf 230° vorheizen. Den Teig auf wenig Mehl kurz durchkneten, in sechs Portionen teilen und jede auf wenig Mehl zu einem ovalen, 2–3 mm dünnen Fladen ausrollen. Zwei Backbleche einfetten und jeweils drei Teigfladen darauflegen. Diese mit der Schmandcreme bestreichen und mit den Kürbisspalten belegen. Den Roquefort in Stückchen brechen und daraufstreuen. Thymian waschen, trocken schütteln und darauf verteilen. Mit Pfeffer würzen. Die Kürbiskerne daraufstreuen. Die Flammkuchen wie im Grundrezept beschrieben backen und ofenfrisch servieren.

LE FROMAGE: MEIN KÄSEGLÜCK

Kannte ich als Kind lediglich die Unterscheidung in den liebevoll »Phili« genannten Frischkäse einerseits und »Scheibenkäse« andererseits, so lernte ich als Jugendliche nach und nach, was sich sonst noch unter dem Überbegriff Käse alles verbergen konnte. Anlässe waren – Sie ahnen es schon – die Urlaubsreisen in das Schlaraffenland des Käses. Ich lernte den Dreiklang Käse-Baguette-Rotwein zu schätzen, ob mit anderen Sprachkursschülern am Pariser Seine-Ufer sitzend oder beim Radeln in der Bretagne.

Die große Offenbarung aber hatte ich, als ich nach dem Abitur mehrere Wochen in Paris bei einer reizenden Französin wohnte, die mich eines Samstags zum Einkaufen in ihren Lieblings-Käseladen mitnahm. Der Geruch überwältigte mich zunächst, die immense Auswahl jedoch noch viel mehr. Der *fromager* fing an, von seinen Käsesorten zu erzählen. Los ging es mit dem Geschmack, weiter mit Region, Reifezustand und korrespondierendem Wein. Er holte erst den einen, dann den nächsten Käse hervor, gab meiner Madame davon zu kosten, sie schnupperte, überlegte, besprach sich mit ihm – und ich kam aus dem Staunen gar nicht mehr heraus. Die Käsewelt wurde mit einem Schlag größer. Ein Laden, der ausschließlich Käse verkauft? Das kannte ich bis dato nicht.

MEIN PARADIES!

Seit diesem Erlebnis lässt mich meine Liebe zum Käse nicht los. Vor meinem Studium jobbte ich ein paar Monate in einem Käsegeschäft. Mit über 200 Käsesorten

im Sortiment war es das Paradies für mich. Als Studentin trug ich mein weniges Geld lieber zum Käseladen, als es, wie die meisten Kommilitonen, in Cafés auszugeben. Und auch heute noch lasse ich reichlich *sous* beim Käsehändler, genieße die große Auswahl an Rohmilchkäse, die fachkundige Beratung und die auf den Punkt gereiften Käsesorten. Fernab vom Käseland Nr. 1 komme ich also auch hier auf meine Kosten – und zum Genuss, *bien sûr!*

ALLES KÄSE? WUNDERBAR!

Das schließt aber nicht aus, dass ich auf unseren Reisen durch Frankreich weiterhin neugierig alles, was mit Käse zusammenhängt, in mir aufnehme: Wir besichtigen die *causses,* die Felshöhlen, in denen der Roquefort reift, unternehmen in den Cevennen Wanderungen zu Ziegenbauern, die die kleinen *pélardons* herstellen, und probieren uns durch lokale Spezialitäten wie *aligot,* das cremige Käse-Kartoffel-Püree aus der Auvergne.

Was ich mir behalten habe seit meinen Jugendjahren? Noch heute kann man mich mit Käse-Baguette-Rotwein glücklich machen. Nur müssen es jetzt ein schön gereifter Rohmilchkäse, ein knuspriges Sauerteigbaguette und ein wirklich guter Rotwein sein!

GUT GEREIFTER ROHMILCHKÄSE – SINNBILD FRANZÖSISCHER ESSKULTUR

LES DESSERTS

MOELLEUX AU CHOCOLAT · **ÉCLAIRS AU CAFÉ** · CRÉMET AUX BAIES ROUGES · **PARFAIT AU MIEL, LAURIER ET PÊCHES** · MOUSSE AU CHOCOLAT AMER · MACARONS AUX CITRON **CRÊPES ET POMMES AU CARAMEL SALÉ** · MOUSSE AU CITRON CRÈME BRÛLÉE · **SORBET DE CASSIS AU THYM** ET PLUS…

MOELLEUX AU CHOCOLAT

WARME SCHOKOKÜCHLEIN

Die saftigen Küchlein haben es mir einfach angetan: durch und durch schokoladig, außen zuckrig-knusprig und im Innern cremig – sie schmecken auch ohne Birnenbegleitung einfach unwiderstehlich!

FÜR 6 PORTIONEN

Zubereitungszeit: ca. 50 Min.
Backzeit: ca. 10 Min.
Pro Portion: ca. 540 kcal

Für die Schokoküchlein:
200 g gute Bitterschokolade (ca. 70 % Kakao)
100 g Butter | 3 Eier (Größe M)
100 g Puderzucker | Meersalz
60 g Mehl (Type 405)

Für die Rotweinbirnen:
50 g Zucker | 1/2 Flasche Rotwein
3 feste kleine Birnen | 1 Zimtstange
1 ausgekratzte Vanilleschote (nach Belieben) | 2 TL Speisestärke

Außerdem:
6 ofenfeste Förmchen oder Tassen (à ca. 125 ml Inhalt)
Butter für die Förmchen

1. Für die Schokoküchlein die Schokolade in Stückchen brechen, die Butter würfeln und beides zusammen in einer Schüssel über einem heißen Wasserbad schmelzen. Die Schokomischung vom Wasserbad nehmen und lauwarm abkühlen lassen.

2. Die Eier, den Puderzucker und 1 Prise Meersalz mit den Quirlen des Handrührgeräts schaumig schlagen. Zuerst die lauwarm abgekühlte Schokocreme, dann das Mehl unterrühren. Die Förmchen oder Tassen gründlich mit Butter einfetten. Den Teig hineinfüllen und abgedeckt kalt stellen.

3. Für die Rotweinbirnen den Zucker in einem Topf bei kleiner Hitze goldbraun schmelzen. Den Rotwein dazugießen und den Karamell loskochen. Die Birnen schälen, vierteln, entkernen und in dicke Spalten schneiden. Birnen, Zimtstange und nach Belieben die Vanilleschote zum Rotwein geben. Die Birnen bei kleiner Hitze in 3–5 Minuten weich dünsten, ohne dass sie zerfallen. Die Birnen aus dem Rotweinsud nehmen.

4. Die Stärke mit 2 EL kaltem Wasser glatt rühren und den Rotweinsud damit leicht binden. Die Birnen erneut in den Sud legen und darin abkühlen lassen.

5. Zum Servieren den Backofen auf 200° vorheizen. Die Küchlein in den Förmchen im Ofen (Mitte) ca. 10 Min. backen. Sie sind fertig, wenn sie sich noch recht weich anfühlen! Die Küchlein aus den Förmchen lösen und vorsichtig auf Teller stürzen. Die Rotweinbirnen mit etwas Sud dazugeben und die Küchlein warm servieren.

MEIN PRAXISTIPP

Für ein entspanntes Gästeessen können Sie den Teig schon mehrere Stunden vor dem Essen in die Förmchen füllen und abgedeckt kühl aufbewahren.

ÉCLAIRS AU CAFÉ

ECLAIRS MIT KAFFEECREME

Die Vorliebe für Eclairs hat sich von unserer älteren Tochter auf mich übertragen: Seit sie sich bei unseren Patisserie-Streifzügen durch diverse Vanille- und Schoko-Eclairs gekostet hat, bin auch ich auf den Geschmack gekommen. Mir hat es die Kaffeevariante am meisten angetan.

FÜR 10 STÜCK

Zubereitungszeit: ca. 1 Std.
Backzeit: 20–25 Min.
Pro Stück: ca. 245 kcal

Für die Kaffeecreme:
175 ml Vollmilch
100 g Sahne
2 Eier (Größe M)
50 g Zucker
30 g Speisestärke
30 g Butter
50 ml Espresso

Für die Brandmasse:
50 ml Vollmilch
40 g Butter
1 TL Zucker
Meersalz
75 g Weizenmehl (Type 405)
3 Eier (Größe M)

Für die Glasur:
125 g Puderzucker
1–2 EL Espresso

Außerdem:
Spritzbeutel mit großer und kleiner Lochtülle
Backpapier

1. Für die Kaffeecreme Milch und Sahne erhitzen. Eier, Zucker und Stärke kräftig verrühren. Die heiße Milchmischung unter Rühren dazugießen, dann die Mischung zurück in den Topf gießen. Unter Rühren erhitzen, bis die Creme dick wird. Butter und Espresso darunterrühren, dann die Creme durch ein Sieb in eine Schüssel passieren. Mit Frischhaltefolie bedeckt vollständig abkühlen lassen.

2. Inzwischen für die Brandmasse Milch, 50 ml Wasser, Butter, Zucker und 1 kräftige Prise Meersalz aufkochen. Den Topf vom Herd nehmen und das Mehl auf einmal hineinschütten. Sofort mit einem Kochlöffel kräftig rühren und den Topf wieder auf den Herd stellen. Die Masse bei mittlerer Hitze rühren, bis sie glatt ist und sich am Topfboden ein weißlicher Belag bildet. Die Masse in eine Schüssel umfüllen und etwas abkühlen lassen, dann ein Ei nach dem anderen mit den Knethaken des Handrührgeräts gründlich unterrühren, sodass eine glatte, glänzende Masse entsteht.

3. Den Backofen auf 220° vorheizen. Die Brandmasse in einen Spritzbeutel mit großer Lochtülle füllen. Ein Backblech mit Backpapier belegen. Die Masse mit etwas Abstand in ca. 10 cm langen Streifen daraufspritzen, dabei Anfang und Ende der Streifen etwas dicker spritzen. Das Blech in den Backofen (Mitte) schieben und die Eclairs 5 Min. backen, dabei die Ofentür nicht öffnen. Die Ofentemperatur auf 180° reduzieren und die Eclairs in weiteren 15–20 Min. hellbraun backen. Herausnehmen und auf einem Kuchengitter abkühlen lassen.

4. Die Kaffeecreme in einen Spritzbeutel mit kleiner Lochtülle füllen. Die Eclairs jeweils an der Unterseite mit der Tüllenspitze an drei Stellen einstechen. Die Creme gleichmäßig hineinspritzen. Für die Glasur Puderzucker und Espresso glatt rühren, die oberen Eclairhälften damit bestreichen und die Glasur fest werden lassen.

CRÉMET AUX BAIES ROUGES

CRÈME-FRAÎCHE-NOCKEN MIT BEEREN

Dieses erfrischend sommerliche Dessert hat auch noch nach einem üppigeren Essen Platz. Meine Variante des crémet *bereite ich am liebsten ohne Eischnee zu, wodurch die Creme etwas fester als die klassische Variante, aber nicht minder köstlich wird!*

FÜR 4 PORTIONEN

Zubereitungszeit: ca. 40 Min.
Kühlzeit: mind. 4 Std.
Pro Portion: ca. 340 kcal

Für die Nocken:
1 Vanilleschote | 500 g Vollmilchjoghurt
150 g Crème fraîche | 25 g Puderzucker

Für die Beeren und zum Garnieren:
200 g Erdbeeren | 150 g Himbeeren
1 1/2 EL Puderzucker
1 EL frisch gepresster Zitronensaft
300 g frische gemischte Beeren zum Anrichten
1 EL ungesalzene Pistazienkerne
Kräuterblättchen zum Garnieren (Zitronenverbene, Basilikum, Minze oder Melisse)

Außerdem:
1 Mulltuch (Passiertuch)

1. Für die Nocken die Vanilleschote der Länge nach aufschlitzen und das Mark herauskratzen. Joghurt und Crème fraîche mit dem Vanillemark und dem Puderzucker glatt rühren.

2. Ein Sieb mit einem Mulltuch auslegen und dieses auf eine Schüssel legen. Die Creme hineingeben, die Enden des Tuches darüberschlagen. Im Kühlschrank mindestens 4 Std. abtropfen lassen.

3. Für die Beerensauce die Erdbeeren und Himbeeren verlesen, die Erdbeeren in einem Sieb abbrausen, putzen und klein schneiden. Erdbeeren und Himbeeren mit 1 EL Puderzucker und Zitronensaft in einen hohen Becher geben und mit dem Pürierstab pürieren, dann die Beeren durch ein Sieb streichen.

4. Die frischen gemischten Beeren zum Anrichten verlesen, falls nötig waschen und trocken tupfen. Die Pistazien hacken.

5. Die nun fester gewordene Creme aus dem Mulltuch nehmen. Die Creme mithilfe von zwei Esslöffeln zu vier Nocken formen und auf Teller geben (oder mit einem Esslöffel auf Schälchen verteilen). Die frischen gemischten Beeren und die Beerensauce dazugeben, die gehackten Pistazienkerne und übrigen Puderzucker darüberstreuen und das Dessert mit den Kräuterblättchen garniert servieren.

MEIN DEKOTIPP

Hübsch sieht le crémet *auch aus, wenn Sie die abgetropfte Creme in dekorative Portionsförmchen aus Silikon (wie Cupcake-Förmchen, Herzen etc.) streichen und dann auf Teller stürzen.*

GRATIN DE BRIOCHE ET RHUBARBE

RHABARBER-BRIOCHE-GRATIN

Was für die Schwaben der Ofenschlupfer ist, das ist für Franzosen das Brioche-Gratin. Bei beiden spielt die Verwendung von altbackenem Brot eine Rolle, die französische Variante kommt mit Sahne und Vanille allerdings weniger spartanisch daher…

FÜR 4 PORTIONEN

Zubereitungszeit: ca. 1 Std.
Backzeit: ca. 20 Min.
Pro Portion: ca. 535 kcal

Für die Gratins:
125 g Brioche
(vom Vortag oder altbacken)
150 g Rhabarber | 1 Vanilleschote
125 g Sahne | 125 ml Milch
3 Eier (Größe M) | Meersalz
50 g Zucker | 25 g Mandelblättchen
Puderzucker zum Bestäuben

Für die Vanillesauce:
5 Eigelb (Größe M) | 500 ml Milch
1 gestrichener EL Speisestärke
2 EL Zucker
1–2 EL Rum (nach Belieben)

Außerdem:
4 Souffléförmchen oder weite
ofenfeste Tassen (à ca. 150 ml Inhalt)
Butter für die Förmchen

1. Für die Gratins die Brioche in dünne Scheiben schneiden. Den Rhabarber putzen, die Stangen waschen und in 1 cm kleine Stücke schneiden. Die Vanilleschote der Länge nach aufschlitzen und das Mark herauskratzen.

2. Die Sahne, die Milch, die Eier, 1 Prise Meersalz, die Hälfte des Vanillemarks und den Zucker verquirlen. Übriges Vanillemark und die ausgekratzte Schote für die Sauce beiseitestellen. Die Förmchen oder Tassen einfetten. Brioche und Rhabarber einfüllen, die Eiersahne darübergießen und 30 Min. durchziehen lassen.

3. Inzwischen für die Vanillesauce die Eigelbe mit 4 EL Milch und der Stärke glatt rühren. Restliche Milch mit Vanilleschote, übrigem Vanillemark und Zucker aufkochen. Mit einem Schneebesen die Eigelb-Stärke-Mischung hineinrühren und alles unter ständigem Rühren einmal aufkochen. Die Sauce mit Frischhaltefolie so bedecken, dass die Folie direkt auf der Vanillesauce liegt. (So bildet sich keine Haut.) Sauce abkühlen lassen. Die Vanilleschote entfernen und nach Belieben den Rum unterrühren.

4. Den Backofen auf 200° vorheizen. Die Brioche-Mischung in den Förmchen mit den Mandelblättchen bestreuen. Förmchen in den Ofen (Mitte) schieben und die Gratins in ca. 20 Min. goldbraun backen, dabei, falls nötig, mit Alufolie abdecken. Die Förmchen aus dem Ofen nehmen, die Gratins 5 Min. abkühlen lassen, dann aus den Förmchen stürzen und mit Puderzucker bestäuben. Die kleinen Gratins mit der Vanillesauce servieren.

MEIN PRAXISTIPP

Sie können das Gratin auch in einer großen Form zubereiten, dann verlängert sich die Backzeit um ca. 15 Min.

origine
Un franc

PARFAIT AU MIEL, LAURIER ET PÊCHES

HONIG-LORBEER-PARFAIT MIT PFIRSICHEN

Lange Jahre hatte ich einen beachtlichen Lorbeerbusch im Garten, bis er einem kalten Winter zum Opfer fiel. Nun bringe ich mir Zweige aus Frankreichs Süden mit – dort wächst Lorbeer üppig an Waldrändern.

FÜR 1 KASTENFORM (25 CM LÄNGE)

Zubereitungszeit: ca. 1 Std. 10 Min.
Gefrierzeit: mind. 5 Std.
Bei 8 Portionen pro Portion: ca. 320 kcal

Für das Parfait:
150 g kräftiger Honig (z. B. Garrigue- oder Heidehonig)
5 frische Lorbeerblätter
1 Vanilleschote
2 Eier (Größe M)
4 Eigelb | 20 g Zucker
400 g Sahne

Für die Pfirsiche:
4 reife Pfirsiche (gelbe oder weiße)
1/4 l trockener Weißwein oder Apfelsaft
50 g kräftiger Honig
1 kleines Stück Bio-Zitronenschale (ca. 5 cm)

MEIN AROMATIPP

Bestreuen Sie das Dessert mit leicht gerösteten und karamellisierten Pinienkernen, ungesalzenen Pistazienkernen oder anderen Nüssen, die sorgen für köstlichen Biss!

1. Für das Parfait den Honig und die Lorbeerblätter in einem kleinen Topf erhitzen, dann den Topf vom Herd nehmen und die Honigmischung 20 Min. ziehen lassen. Die Kastenform so mit Frischhaltefolie auskleiden, dass die Folie etwas übersteht.

2. Die Vanilleschote der Länge nach aufschlitzen und das Mark herauskratzen. Die Schote für die Pfirsiche aufbewahren. Eier, Eigelbe und den Zucker in eine Edelstahl-Rührschüssel mit rundem Boden geben. Die Lorbeerblätter aus dem Honig entfernen und den Honig ebenfalls in die Schüssel geben. Die Masse über einem heißem Wasserbad mit einem Schneebesen dick-schaumig schlagen.

3. Dann die Schüssel vom Wasserbad nehmen und die Creme so lange weiterschlagen, bis sie abgekühlt ist. Die Sahne steif schlagen und behutsam unterheben. Die Creme in die Kastenform gießen und mindestens 5 Std. (oder auch über Nacht) gefrieren lassen.

4. Die Pfirsiche in einer Schale mit kochendem Wasser übergießen, kurz stehen lassen, dann kalt abschrecken, die Haut abziehen und die Pfirsiche in dicke Spalten schneiden.

5. Den Wein oder Saft, die ausgekratzte Vanilleschote, den Honig und die Zitronenschale erhitzen. Die Pfirsichspalten hineingeben und 2–4 Min. dünsten, bis sie weich sind, aber noch nicht zerfallen, dann mit einer Schaumkelle aus dem Sud nehmen. Den Sud auf die Hälfte einkochen. Schote und Zitronenschale herausnehmen. Die Pfirsichspalten wieder hineingeben und im Sud abkühlen lassen.

6. Etwa 20 Min. vor dem Servieren Parfait aus dem Gefrierfach nehmen und im Kühlschrank antauen lassen. Das Parfait mithilfe der Folie aus der Form stürzen, in Scheiben schneiden und mit den Pfirsichen und etwas Sud servieren.

MOUSSE AU CHOCOLAT AMER

DUNKLE SCHOKOLADENMOUSSE

Herrlich dicht und cremig ist sie und deshalb meine absolute Lieblingsschokomousse. Sie können sie noch mit 1–2 EL Cognac aromatisieren oder mit herben Kakao-Nibs (das sind geröstete Kakaobohnenstückchen) bestreuen.

FÜR 4–6 PORTIONEN

Zubereitungszeit: ca. 50 Min.
Kühlzeit: mind. 3 Std.
Bei 6 Portionen pro Portion: ca. 405 kcal

Für die Mousse:
150 g Bitterkuvertüre (siehe Tipp)
25 g Butter
1 Ei (Größe M)
1 Eigelb | Meersalz
1 TL Zucker
250 g Sahne

Für die Sauce:
8 reife Passionsfrüchte
50 g Zucker
1 gehäufter EL Akazienhonig

MEIN AROMATIPP

Je dunkler die Schokolade, desto herber die Mousse. Damit die Mousse un vrai délice, *eine echte Delikatesse, wird, greifen Sie unbedingt zu einer hochwertigen Kuvertüre eines namhaften Herstellers. Der Kakaoanteil sollte zwischen 65 und 70% betragen.*

1. Die Kuvertüre klein hacken. Zusammen mit der Butter in einem kleinen Topf bei kleiner Hitze unter Rühren langsam schmelzen, dann den Topf vom Herd nehmen und die Schokoladenmischung etwas abkühlen lassen.

2. Das Ei, das Eigelb, 1 Prise Meersalz und den Zucker in einer Edelstahl-Rührschüssel mit rundem Boden verrühren. Die Mischung mit dem Schneebesen kräftig über einem heißen Wasserbad schlagen, bis der Eischaum dick-cremig ist. Die Schüssel vom Wasserbad nehmen und den Eischaum kurz weiterschlagen, bis er lauwarm ist. Dann die lauwarme Schokoladenmischung unter den Eischaum rühren. (Dabei fällt dieser etwas zusammen.)

3. Die Sahne steif schlagen und in zwei Portionen behutsam unter die Schokoladencreme heben. Die Mousse in Gläser füllen, mit Frischhaltefolie abdecken und mindestens 3 Std. in den Kühlschrank stellen und fest werden lassen.

4. Für die Passionsfruchtsauce die Früchte halbieren. Das Fruchtfleisch mit den Kernen mit einem Teelöffel herausschaben. Mit Zucker und Honig in einen kleinen Topf geben, einmal aufkochen und in einen hohen Becher geben. Mit dem Pürierstab kurz durchmixen, dann durch ein Sieb streichen. 1 EL der Kerne aus dem Sieb nehmen und wieder unter die Sauce rühren. Die Sauce abkühlen lassen und kurz vor dem Servieren über die Mousse gießen.

AH, LES MACARONS – JE LES AIME!

Unmittelbar mit den Patisserie-Stars in Paris sind sie verbunden, die zuckrigen, feinen amuse-bouches: *Verehrt man Fauchon dabei als Wiederentdecker der* macarons, *wird der legendäre Hermé als kreativster Patissier von* toute la France *gehandelt.*

Wie die meisten Frauen habe auch ich mich sofort in die schicken, verspielten und farbenfrohen kleinen Köstlichkeiten verliebt. Mit meinen Freundinnen diskutiere ich leidenschaftlich, welcher Patissier in Paris die allerbesten Kreationen macht. Biete ich ihnen meine *macarons* an, geraten sie regelrecht in Entzücken, genießen die süßen Teilchen mit Hingabe und machen erst Halt, wenn alle verputzt sind. Mein Monsieur mischt sich an dieser Stelle dagegen brav unter das Gros der Männer. Er nascht ein paar von den *macarons,* findet sie »sehr gut gelungen«, aber seine Begeisterung hält sich in Grenzen. Unsere Mädchen und ich nehmen ihm das überhaupt nicht weiter übel, bleiben auf diese Weise doch noch mehr von den verführerischen Makronen für uns übrig.

DAS GEHEIMNIS GUTER MACARONS

Wobei die heimliche Französin in mir nun die Nase rümpft ob dieses schnöden Vergleichs – denn ein *macaron* ist alles andere als eine Makrone, auch wenn sie in den Bestandteilen durchaus Übereinstimmung findet: gemahlene Mandeln, Eiweiß, Zucker – *c'est tout!* Der Unterschied liegt in der köstlichen Füllung und in der aufwendigen Zubereitung.

KÖSTLICH, ABER KAPRIZIÖS!

Die bereits gemahlenen Mandeln sollen noch feiner gemahlen und zusätzlich durch ein Sieb geschüttelt werden. Warum? Nur so wird die Oberfläche schön glatt und nicht etwa unruhig gesprenkelt. Die Eiweiße sollen keineswegs kühlschrankkalt sein, sondern mindestens ein, zwei oder gleich mehrere Tage bei Zimmertemperatur gelagert werden. Warum? Nur so fallen sie im Ofen nicht zusammen. Sie sehen, ein *macaron* ist deutlich kapriziöser als eine Mandel- oder Kokosmakrone. Ihre Zubereitung ist im Übrigen auch nichts für Grobmotoriker, für Nicht-Ausgeschlafene oder Ungeduldige. Ich spreche aus eigener Erfahrung …

TIPPS AUS MEINER PATISSERIE

Üben wir uns also in Geduld. A propos, habe ich schon erwähnt, dass die gefüllten *macarons* noch eine Nacht in einer verschließbaren Plastikdose im Kühlschrank verbringen müssen, bevor Sie sich über sie hermachen dürfen? Nein? Tja, jetzt wissen Sie es. Denn das Geheimnis eines guten *macaron* ist die Verbindung der zart-knusprigen Hülle und des saftig-weichen Inneren – und das braucht seine Zeit. Wenn Sie gerne auf Vorrat backen, dann bereiten Sie die Baiserschalen zu und frieren Sie sie in TK-Beuteln ein. Sie tauen in wenigen Minuten auf und können dann gefüllt werden. Und auch wenn es immer wieder zu lesen ist: Es lohnt sich nicht, bereits gefüllte *macarons* einzufrieren, sie sind nach dem Auftauen durchweicht bis gummiartig. Nun wünsche ich *bon courage,* viel Glück, und *bon macaronnage* – so nennt man das Untermischen des Mandelpuders unter den Eischnee.

NICHTS FÜR UNGEDULDIGE,
ABER FÜR
ECHTE SÜSS-SCHNÄBEL!

LES MACARONS FINS

FEINE MAKRONEN

ZUCKERSÜSS UND FARBENPRÄCHTIG PRÄSENTIEREN SICH MACARONS IN VIELEN PATISSERIEN. DASS ES AUCH WENIGER ZUCKRIG MIT FEINER BALANCE ZWISCHEN SÜSSER SCHALE UND FRUCHTIGEM INNENLEBEN GEHT, ZEIGE ICH AUF DEN FOLGENDEN SEITEN.

MACARONS AU CITRON

ZITRONENMACARONS

Schön süß die Mandelmakronen, fein-säuerlich die Creme, so mag ich meine macarons! *Wenn Sie in Eile sind, können Sie die Baiser-Schalen auch mit einem (guten!) Lemon Curd zusammensetzen.*

FÜR 20 STÜCK

Zubereitungszeit: ca. 1 Std. 15 Min.
Backzeit: ca. 14 Min.
Ruhezeit: ca. 12 Std.
Pro Stück: ca. 95 kcal

Für die Baiser-Schalen:

80 g gemahlene gehäutete Mandeln
135 g Puderzucker
60 g Eiweiß (von ca. 2 Eiern; vom Vortag mit Zimmertemperatur; siehe Seite 163)
Meersalz | 1 TL Zitronensaft
5 g Zucker
1 Msp. gelbe Lebensmittelfarbe (Paste)

Für die Zitronencreme:

1/2 Blatt weiße Gelatine
1 Ei (Größe M) | 50 g Zucker
60 ml Zitronensaft
1 TL abgeriebene Bio-Zitronenschale
60 g Butter
10 g gemahlene gehäutete Mandeln

Außerdem:

Backpapier
Spritzbeutel mit mittlerer und kleiner Lochtülle

1. Für die Schalen die Mandeln und den Puderzucker mischen, portionsweise im Blitzhacker noch feiner mahlen, dann durch ein feines Sieb sieben. Ein Backblech mit Backpapier belegen. Das Eiweiß mit 1 Prise Meersalz und dem Zitronensaft steif schlagen. Den Zucker einrieseln lassen und den Eischnee weiterschlagen, bis er schnittfest ist. Die Farbpaste unterrühren. Die Mandelmischung in drei Portionen unterrühren, dabei mit dem Teigschaber etwas Luft aus dem Eischnee drücken. Die Masse soll nun »wie Lava« vom Teigschaber fließen.

2. Die Masse in einen Spritzbeutel mit mittlerer Lochtülle geben. Mit jeweils etwas Abstand 40 Häufchen in der Größe einer 1-Euro-Münze auf das Backblech spritzen. Sind alle Baiser-Häufchen aufgespritzt, von unten mit der Hand einige Male gegen das Blech klopfen. Die Häufchen 20–30 Min. bei Zimmertemperatur antrocknen lassen. Inzwischen den Backofen auf 140° Umluft (!) vorheizen. Baisers im Ofen (unten) 12–14 Min. backen. Dann das Backpapier vom Blech ziehen. Baisers darauf auskühlen lassen, dann vom Papier ablösen.

3. Für die Creme die Gelatine in kaltem Wasser einweichen. Ei, Zucker, Zitronensaft und -schale in einer Edelstahl-Schüssel mit rundem Boden über einem heißen Wasserbad schaumig schlagen. Die Schüssel vom Wasserbad nehmen. Gelatine tropfnass ausdrücken und in der warmen Eiercreme auflösen. Die Butter in Flöckchen unterrühren, dann die Mandeln unterrühren und die Zitronencreme abkühlen lassen.

4. Creme in einen Spritzbeutel mit kleiner Tülle füllen, auf die Hälfte der Baiser-Schalen spritzen. Jeweils mit einer leeren Schale bedecken. Am nächsten Tag genießen (siehe Tipp).

HIMBEERMACARONS

FÜR 20 STÜCK

Zubereitungszeit: ca. 1 Std. 10 Min.
Backzeit: ca. 14 Min.
Ruhezeit: ca. 12 Std.
Pro Stück: ca. 70 kcal

Zutaten für die Baiser-Schalen wie im Grundrezept links, gelbe Lebensmittelfarbe durch 1 Msp. himbeerrote Farbe ersetzen

Für die Himbeerfüllung:
125 g Himbeeren (frische oder aufgetaute)
75 g Gelierzucker 2:1
2 EL frisch gepresster Zitronensaft

1. Die Baiser-Schalen wie im Grundrezept beschrieben zubereiten, dabei statt der gelben die himbeerrote Lebensmittelfarbe verwenden. Die Baisers wie beschrieben backen und auskühlen lassen.

2. Für die Füllung die Himbeeren verlesen und zusammen mit Gelierzucker und Zitronensaft in einem Topf verrühren. Bei mittlerer Hitze aufkochen und nach Packungsanweisung sprudelnd kochen. In eine Schale geben und auskühlen lassen. Die Baiser-Schalen wie beschrieben mit der Himbeermischung füllen. Die Macarons am nächsten Tag genießen (siehe Tipp).

MEIN PRAXISTIPP

Ob gelb, rot oder braun: Die gefüllten Macarons in einer Plastikdose mit Deckel im Kühlschrank über Nacht durchziehen lassen. So können sich Füllung und Baiser-Schalen perfekt verbinden.

SCHOKOLADENMACARONS

FÜR 20 STÜCK

Zubereitungszeit: ca. 1 Std. 10 Min.
Backzeit: ca. 14 Min.
Ruhezeit: ca. 12 Std.
Pro Stück: ca. 95 kcal

Zutaten für die Baiser-Schalen wie im Grundrezept links, gelbe Lebensmittelfarbe durch 1 Msp. rote Farbe ersetzen
1 gehäufter EL reines Kakaopulver

Für die Schokoladenfüllung:
75 g gute Bitterschokolade (ca. 70 % Kakao)
80 g Sahne
20 g Butter

1. Die Baiser-Schalen wie im Grundrezept beschrieben zubereiten, dabei zum Grundrezept den Kakao hinzufügen und diesen zusammen mit den Mandeln und dem Puderzucker feiner mahlen und sieben. Statt der gelben die rote Lebensmittelfarbe verwenden. Die Baisers wie beschrieben backen und auskühlen lassen.

2. Für die Füllung die Schokolade zerbröckeln und in einer Edelstahl-Rührschüssel mit rundem Boden über einem heißen Wasserbad schmelzen. Parallel dazu die Sahne erhitzen, zur Schokolade geben und verrühren, bis die Creme glatt ist. Die Schüssel vom Wasserbad nehmen, die Creme 5 Min. abkühlen lassen, dann die Butter unterrühren. Die Creme soll jetzt streichfest sein, ansonsten die Masse kurz in den Kühlschrank stellen. Die Baiser-Schalen wie beschrieben mit der Schokoladencreme füllen. Macarons am nächsten Tag genießen (siehe Tipp).

CRÊPES ET POMMES AU CARAMEL SALÉ

CRÊPES MIT SALZKARAMELL-ÄPFELN

Beim Genuss dieser Crêpes träume ich mich an die Felsenküste der Bretagne, wo wir schon mehrere Urlaube verbracht haben. Für die Finesse sorgen die buttrigen Apfelspalten, die den bretonischen Klassiker zu echtem Soulfood à la francaise *adeln!*

FÜR 4 PORTIONEN

Zubereitungszeit: ca. 45 Min.
Ruhezeit: 1 Std.
Pro Portion: ca. 580 kcal

Für die Crêpes:
ca. 3 EL Butter
1/2 Vanilleschote
200 g Vollmilch
125 g Weizenmehl (Type 405)
1 Ei (Größe M)
1 EL Zucker
Meersalz

Für die Äpfel:
4 säuerliche Äpfel
50 g Butter
2 EL kräftiger Honig (z. B. Garrigue- oder Heidehonig)
Meersalz
2 EL Calvados (Apfelbrand) oder Apfelsaft

Zum Anrichten:
125 g Crème double oder 4 Kugeln Vanilleeis

1. Für den Crêpeteig 1 EL Butter schmelzen. Die Vanilleschote der Länge nach aufschlitzen und das Mark herauskratzen. Die flüssige Butter, das Vanillemark (die Schote nicht wegwerfen, sondern für die Äpfel aufbewahren), die Milch, 75 ml Wasser, das Mehl, das Ei, den Zucker und 1 Prise Meersalz kräftig verquirlen. Den Teig abgedeckt 1 Std. quellen lassen.

2. Inzwischen für die Karamelläpfel die Äpfel schälen, vierteln, die Kerngehäuse herausschneiden und die Viertel in Spalten schneiden. Die Butter in einer Pfanne aufschäumen. Den Honig, die Vanilleschote und 1 Prise Meersalz dazugeben, dann die Apfelspalten hineingeben. Ca. 5 Min. dünsten, bis die Apfelspalten weich sind, aber noch nicht zerfallen. Den Calvados oder den Apfelsaft dazugießen und kurz einkochen. Äpfel nach Belieben abgedeckt warm halten oder abkühlen lassen.

3. In einer beschichteten Pfanne ca. 1 TL Butter erhitzen. Ein Viertel des Teigs mithilfe einer kleinen Kelle hineinfließen lassen und von beiden Seiten bei mittlerer Hitze in 2–3 Min. einen dünnen Crêpe backen. Den Crêpe herausnehmen und abgedeckt warm halten. Mit dem restlichen Teig genauso verfahren und daraus drei weitere Crêpes in jeweils 1 TL Butter backen. Die Crêpes mit den Äpfeln und nach Belieben mit je 1 Klacks cremig gerührter Crème double oder 1 Kugel Vanilleeis anrichten.

MOUSSE AU CITRON

ZITRONENMOUSSE

Die Butter sorgt nicht nur für die Extraportion Cremigkeit, sondern auch dafür, dass diese lockere Mousse ohne Gelatine auskommt. Ein weiterer Clou: Sie können die Mousse auch einfrieren und als Parfait servieren!

FÜR 6 PORTIONEN

Zubereitungszeit: ca. 35 Min.
Kühlzeiten:
insgesamt ca. 2 Std. 30 Min.
Pro Portion: ca. 295 kcal

3 saftige Bio-Zitronen
3 Eier (Größe M)
100 g Zucker
40 g Butter
250 g Sahne

1. Die Zitronen heiß waschen, trocken tupfen und die Schale fein abreiben (nur das Gelbe, nicht das Weiße, das schmeckt bitter!). Die Zitronen auspressen.

2. Die Eier und den Zucker mit Zitronensaft und -schale in einer Edelstahl-Rührschüssel mit rundem Boden verrühren. Die Schüssel auf ein warmes Wasserbad setzen und die Eier-Zucker-Mischung mit dem Schneebesen kräftig verrühren, bis die Creme dick-schaumig ist. Dann die Schüssel vom Wasserbad nehmen.

3. Die Butter in Stückchen unterrühren und die Creme gründlich weiterrühren. (So behält sie ihr Volumen.) Die Creme mit Frischhaltefolie abdecken und ca. 30 Min. in den Kühlschrank stellen.

4. Die Sahne steif schlagen. Die abgekühlte Zitronencreme aus dem Kühlschrank nehmen und kurz durchrühren. Die Sahne behutsam unter die Zitronencreme heben und die Mousse in eine Schale oder mehrere Portionsschälchen füllen. Im Kühlschrank mindestens 2 Std. kühlen, dann servieren.

MEIN DEKOTIPP

Füllen Sie die Mousse schichtweise mit leicht gezuckerten Beeren und gewürfelten Feigen in Portionsgläser oder reichen Sie einen Fruchtcoulis aus pürierten und durch ein Sieb gestrichenen Beeren dazu.

CRÈME BRÛLÉE

VANILLECREME MIT KARAMELLKRUSTE

Très classique, *diese Crème, und mir so pur die liebste, kommt sie doch ohne weitere Aromen daher (Ingwer! Tonkabohne! Lavendel!). Gaumenschmeichelnd cremig unter der krachenden Karamellkruste ist sie genau das Richtige nach einem leichten Essen.*

FÜR 4 PORTIONEN

Zubereitungszeit: ca. 25 Min.
Garzeit: ca. 45 Min.
Kühlzeit: mind. 2 Std.
Pro Portion: ca. 400 kcal

1 Vanilleschote
400 g Sahne
1 Streifen Bio-Orangenschale (ca. 5 cm)
5 Eigelb (Größe M)
4–5 EL Zucker

Außerdem:
4 flache ofenfeste Förmchen oder weite Tassen (à ca. 150 ml Inhalt) und 1 größere Gratinform
Brûlierer (kleiner Gasbrenner)

1. Die Vanilleschote der Länge nach aufschlitzen und das Mark mit einem kleinen Küchenmesser herauskratzen. Die Sahne mit Orangenschale, Vanilleschote und -mark aufkochen. Den Topf vom Herd nehmen und die Vanillesahne ca. 10 Min. ziehen lassen.

2. Die Eigelbe mit 2 EL Zucker schaumig rühren, die Vanillesahne durch ein Sieb dazugießen und unterrühren. Die Eigelbmischung in die Förmchen oder Tassen gießen.

3. Den Backofen auf 120° vorheizen. Die Förmchen in die größere Form stellen und in die Form so viel heißes Wasser gießen, dass die Förmchen zu zwei Drittel darin stehen. Die größere Form mit den Förmchen in den Ofen (Mitte) auf das Backofengitter stellen und die Cremes in ca. 45 Min. im Ofen stocken lassen. Die Förmchen aus dem Wasser nehmen, die Cremes abkühlen lassen, dann abgedeckt im Kühlschrank mindestens 2 Std. kühlen.

4. Zum Brûlieren die kleinen Förmchen wieder in die Form stellen und um die Förmchen herum Eiswasser (einige Eiswürfel plus kaltes Wasser) angießen – das verhindert, dass sich die Crème beim Brûlieren erwärmt. (Das Feine an einer Crème brûlée ist ja der Kontrast zwischen der kalten Crème und der warmen Knusperschicht darüber.) Die Cremes gleichmäßig mit dem übrigen Zucker bestreuen und mit dem Brûlierer karamellisieren. Gleich servieren!

MEINE VARIANTE

Für eine Schoko-Crème brûlée 200 g Sahne und 200 ml Milch nehmen, 100 g gute Bitterschokolade (ca. 70 % Kakao) zerbröckeln und in der heißen Sahne-Milch-Mischung schmelzen.

SORBET DE CASSIS AU THYM

JOHANNISBEERSORBET MIT THYMIAN

Ich liebe Schwarze Johannisbeeren! Zum Glück haben wir einen alten Johannisbeerbusch im Garten, sodass ich immer wieder mal eine Handvoll der herben Beeren direkt vom Strauch naschen kann. Da muss ich aufpassen, dass die Beeren auch noch für das Sorbet reichen …

FÜR 4 PORTIONEN

Zubereitungszeit: ca. 30 Min.
Abkühlzeit: ca. 1 Std.
Gefrierzeit: ca. 30 Min. (Eismaschine) bzw. mind. 4 Std. (Tiefkühler)
Pro Portion: ca. 160 kcal

500 g Schwarze Johannisbeeren
80 g Zucker
40 g Akazienhonig
6–8 kleine Zweige Thymian

1. Die Johannisbeeren in einem Sieb abbrausen, die Beeren von den Rispen streifen und in einen Topf geben. Mit 150 ml Wasser und dem Zucker aufkochen und ca. 5 Min. kochen, bis die Beeren aufgeplatzt sind.

2. Die Beeren durch ein Sieb in eine Schüssel streichen, dabei gut ausdrücken. Den Honig unterrühren. Den Thymian waschen und trocken schütteln. 4 schöne Thymianzweige zum Garnieren beiseitelegen. Ca. 1 EL Thymianblättchen von den restlichen Zweigen streifen, fein hacken und unter den Saft mischen. Die Masse vollständig abkühlen lassen.

3. Die Sorbetmasse in der Eismaschine ca. 30 Min. gefrieren lassen oder ersatzweise die Beerenmischung in eine flache Schüssel gießen, für mindestens 4 Std. ins Gefrierfach geben und alle 20 Min. mit dem Schneebesen kräftig durchrühren.

4. Vor dem Servieren das Sorbet 20 Min. aus dem Tiefkühler nehmen und im Kühlschrank langsam antauen lassen. Auf Gläser oder Dessertschalen verteilen, mit den Thymianzweigen garnieren und das Johannisbeersorbet gleich servieren.

CLAFOUTIS AUX CERISES

KIRSCHAUFLAUF

Statt klassisch in einem Teig aus Mehl und Milch liegen die Kirschen in meinem Clafoutis in sahniger Crème fraîche – das macht meine Version besonders fein und cremig. Wenn es frische Sauerkirschen gibt, sollten Sie ihn unbedingt einmal damit zubereiten.

FÜR 4 PORTIONEN

Zubereitungszeit: ca. 25 Min.
Garzeit: ca. 20 Min.
Pro Portion: ca. 305 kcal

250 g Kirschen (siehe Tipp)
1/2 Vanilleschote
2 Eier (Größe M)
40 g Zucker
150 g Crème fraîche

Außerdem:
4 ofenfeste Förmchen
(à ca. 150 ml Inhalt)
Butter für die Förmchen
Puderzucker zum Bestreuen

1. Den Backofen auf 180° vorheizen. Die Kirschen waschen, trocken tupfen und entsteinen. Die Vanilleschote der Länge nach aufschlitzen und das Mark herauskratzen. Die Förmchen gründlich mit Butter ausstreichen.

2. Die Eier, das Vanillemark und den Zucker mit dem Schneebesen kräftig verrühren, dann die Crème fraîche unterrühren.

3. Die Hälfte der Kirschen in die Förmchen geben, die Eiercreme daraufgießen und die restlichen Kirschen darauf verteilen.

4. Clafoutis im Ofen (Mitte) ca. 20 Min. garen, bis die Creme gestockt ist. Die Förmchen herausnehmen, die Clafoutis mit Puderzucker bestreuen und lauwarm oder abgekühlt servieren.

MEIN TAUSCHTIPP

Sie können auch tiefgekühlte Kirschen verwenden. Geben Sie diese gefroren in die Förmchen. Die Garzeit verlängert sich dann um ca. 5 Min.

gny

TARTE TATIN AUX ABRICOTS

APRIKOSEN-TARTE TATIN

Eine Tarte tatin habe ich schon mit allerlei Früchten gebacken, mit Aprikosen schmeckt sie mir – neben dem Klassiker mit Äpfeln – am besten. Sie haben noch Vanilleeis im Tiefkühler? Prima, das macht sich nämlich bestens dazu!

FÜR 1 TARTEFORM MIT FESTEM BODEN (26 CM Ø)

Zubereitungszeit: ca. 40 Min.
Kühlzeit: ca. 30 Min.
Backzeit: ca. 35 Min.
Bei 8 Stücken pro Stück: ca. 365 kcal

Für den Mürbeteig:
200 g Weizenmehl (Type 405)
50 g Zucker | Meersalz
100 g kalte Butter

Für den Belag:
125 g Zucker
Meersalz (am besten Fleur de Sel)
ca. 750 g reife, aromatische Aprikosen
50 g Butter | 2 EL Vanillezucker

Außerdem:
Butter für die Form
Mehl zum Arbeiten

MEIN PRAXISTIPP

Wer keine Tarteform mit festem Boden besitzt und deshalb Sorge hat, dass die Form nicht gut schließt, legt einen Bogen Alufolie unter die Form und drückt die Ränder gut am Formenrand nach oben fest.

1. Für den Mürbeteig das Mehl, den Zucker, 1 Prise Meersalz, die kalte Butter in Flöckchen und 2–3 EL eiskaltes Wasser in eine Rührschüssel geben und mit den Fingern zu Streuseln verreiben. Die Streusel rasch zu einer glatten Teigkugel verkneten und diese etwas flach drücken. In Frischhaltefolie wickeln und 30 Min. im Kühlschrank ruhen lassen.

2. Dann die Tarteform gründlich mit Butter ausstreichen. Den Backofen auf 220° vorheizen.

3. Für den Belag den Zucker in einem Topf bei kleiner Hitze langsam zu goldbraunem Karamell schmelzen. Den Karamell in die Tarteform gießen, dabei die Form schwenken, sodass der Boden gleichmäßig vom Karamell überzogen ist. Gleichmäßig mit 2 Prisen Meersalz bestreuen.

4. Die Aprikosen waschen, trocken tupfen, halbieren und entsteinen. Mit der Wölbung nach unten dicht an dicht in die Form legen. Die Butter in Flöckchen darauf verteilen und den Vanillezucker gleichmäßig daraufstreuen.

5. Den gekühlten Teig auf wenig Mehl etwas größer als die Form ausrollen und auf die Aprikosen legen, dabei den Teigrand zwischen Aprikosen und Formrand herunterbiegen. Den Teig mit einer Gabel mehrmals einstechen.

6. Die Form in den Ofen (Mitte) schieben und die Hitze auf 200° reduzieren. Die Tarte ca. 35 Min. backen, bis der Teig goldbraun und knusprig ist. Die Form aus dem Ofen nehmen und die Tarte ca. 5 Min. abkühlen lassen. Eine Kuchenplatte auf die Form legen und die Tarte daraufstürzen.

MON PLAISIR … AUS FRANKREICHS PATISSERIEN

Unzählige Fotos von Auslagen französischer Patisserien belegen es: Nirgends machen mich die süßen Teilchen so an wie in Frankreich. Große Tartes neben Mini-Tartelettes, kleine Köstlichkeiten wie religieuses, chaussons aux pommes *oder* madeleines. *Dagegen kommen heimischer Butterkuchen und Bienenstich nur schwer an.*

Doch seien wir ehrlich: Nicht jedes Gebäck aus französischen Patisserien schmeckt so gut, wie es aussieht. Da hilft nur probieren! Sind wir als Familie in Frankreich unterwegs, ordern wir stets unterschiedliche Leckereien, und dann wird hier ein Bissen gegessen, dort ein Happen genascht, geteilt, geurteilt – und dann gegebenenfalls Nachschub geholt.

LIEBLINGSTEIG MIT VARIATIONEN

Knusprig-zarte Unterlage für Tartes & Co. bildet am häufigsten Mürbeteig, in Ausnahmen auch einmal buttriger Blätterteig. Während im deutschsprachigen Raum von Mürbeteig die Rede ist, so geistern im französischen Sprachraum gleich mehrere Begriffe herum. Mal ist die Rede von *pâte brisée*, dann von *pâte sablée*, und die *pâte sucrée* gibt es auch noch. Um es gleich vorwegzunehmen: Die Zuordnung ist nicht eindeutig, und ich habe ehrlich gesagt auch keine Erklärungen für dieses Teig-Wirrwarr. Denn schon französische Patissiers können sich nicht einigen, ob eine *pâte sablée*

sich auch noch so nennen darf, wenn darin Zucker enthalten ist, oder ob es dann schon eine *pâte sucrée* ist. Lassen wir das also lieber! Und nennen den Mürbeteig schlicht und ergreifend: Mürbeteig …

Eines steht fest: Es gibt mehrere Möglichkeiten, einen guten Mürbeteig hinzubekommen. Und gut heißt in diesem Fall: Er ist stabil genug, um die Tartefüllung zu halten, aber er ist so mürbe, wie es sich für eine französische Tarte gehört. So, dass man ihn auch einfach so wunderbar knabbern könnte – was aber enorm schade wäre, weil man dann all die köstlichen Cremes und Beläge verpassen würde.

MÜRBETEIG LEICHT GEMACHT!

Wer sich mit dem »echten« Mürbeteig schwer tut, der kann für die Tartes auf den nächsten Seiten auch folgendes Rezept nehmen, das einen etwas festeren Teig ergibt: Dafür 125 g weiche Butter und 125 g feinen Zucker mit den Quirlen des Handrührgeräts kurz cremig rühren. 2 verquirlte Eier (Größe M) und 1 Prise Meersalz unterrühren. 300 g Weizenmehl (Type 405) dazugeben, kurz unterrühren, dann mit den Händen auf wenig Mehl zu einer glatten Teigkugel verkneten. Nach 1 Std. Ruhezeit im Kühlschrank lässt sich der Teig gut ausrollen. Und nun nichts wie ran an die feinen Tartes!

DIE FRANZÖSISCHE PATISSERIEKUNST VERFÜHRT ZUM TRÄUMEN.

LES TARTES SUCRÉES

SÜSSE TARTES

EIN STÜCKCHEN TARTE GEHT DOCH IMMER, ODER? OB AUF DIE FRANZÖSISCHE ART ALS DESSERT, BEGLEITET VON EINEM TÄSSCHEN ESPRESSO, ODER IN DEUTSCHER TRADITION ZUM NACHMITTAGSKAFFEE – DA KANN NIEMAND WIDERSTEHEN!

TARTE AU CHOCOLAT ET CARAMEL SALÉ

SCHOKO-KARAMELL-TARTE

Ein Traum von Tarte! Knusprig-zart der Boden, herb-cremig der Karamell, sahnig-üppig die Schokoladenschicht… genau das Richtige also für eine genussvolle Sonntags-Kaffeerunde!

FÜR 1 TARTEFORM (26 CM Ø)

Zubereitungszeit:
ca. 1 Std. 20 Min.
Ruhe- und Kühlzeiten: insgesamt mind. 3 Std. 30 Min.
Backzeit: 20–25 Min.
Bei 10 Stücken pro Stück:
ca. 590 kcal

Für den Mürbeteig:
200 g Weizenmehl (Type 550)
50 g Zucker | Meersalz
125 g kalte Butter
1 Eigelb (Größe M)

Für den Belag:
150 g Zucker | 350 g Sahne
135 g Butter
Meersalz (am besten Fleur de Sel)
250 g Bitterkuvertüre
1 EL Kakao zum Bestäuben
Fleur de Sel zum Bestreuen

Außerdem:
Butter für die Form
Mehl zum Arbeiten
Backpapier und getrocknete Hülsenfrüchte zum Vorbacken

1. Mehl, Zucker, 1 kräftige Prise Meersalz und die kalte Butter in Flöckchen in einer Rührschüssel mit den Fingern zu Streuseln verreiben. Mit Eigelb und 1 EL eiskaltem Wasser rasch zu einem geschmeidigen Teig verkneten. Teig in Frischhaltefolie wickeln und 30 Min. im Kühlschrank ruhen lassen.

2. Den Backofen auf 200° vorheizen. Die Form fetten. Den Teig auf wenig Mehl etwas größer als die Form ausrollen und vorsichtig hineinlegen. Den Teigboden mit einer Gabel mehrmals einstechen. Mit Backpapier und Hülsenfrüchten belegen. Im Ofen (Mitte) in 20–25 Min. goldbraun vorbacken, dabei nach 15 Min. Backpapier und Hülsenfrüchte entfernen.

3. Für den Belag den Zucker bei mittlerer Hitze schmelzen, dabei nicht umrühren! 150 g Sahne erhitzen und gründlich unter den geschmolzenen Zucker rühren. 2–3 Min. leicht kochen, bis die Zuckerklümpchen aufgelöst sind. 75 g Butter in Flöckchen und 1/2 TL Meersalz unterrühren, bis die Sauce cremig ist. Lauwarm abkühlen lassen. Dann die Karamellsauce auf den Tarteboden gießen und 1 Std. kalt stellen, dabei wird die Sauce etwas fester.

4. Die Kuvertüre grob hacken und in eine Schüssel geben. Die restliche Sahne erhitzen und darübergießen, dabei rühren, bis die Kuvertüre aufgelöst ist. Übrige Butter in Stückchen unterrühren, bis eine glatte Creme entstanden ist. Die Schokoladencreme auf der Karamellschicht verteilen. Tarte nochmals mindestens 2 Std. kalt stellen. Vor dem Servieren mit dem Kakao und 2 Prisen Fleur de Sel bestreuen.

PINIENKERNTARTE

FÜR 1 TARTEFORM (26 CM Ø)

Zubereitungszeit: ca. 50 Min.
Kühlzeit: ca. 30 Min.
Backzeit: ca. 55 Min.
Bei 10 Stücken pro Stück: ca. 490 kcal

Teigzutaten wie im Grundrezept links

Für den Belag:
125 g weiche Butter
100 g Puderzucker
2 EL Vanillezucker
125 g gemahlene Mandeln
3 Eier (Größe M)
2 EL Rum oder Milch
60 g Pinienkerne
1 EL Puderzucker

1. Den Mürbeteig wie im Grundrezept beschrieben zubereiten, kühlen und mit Backpapier und Hülsenfrüchten belegt ca. 20 Min. vorbacken.

2. Inzwischen für den Belag die weiche Butter mit dem Puderzucker und dem Vanillezucker schaumig rühren. Die Mandeln darunterrühren, dann ein Ei nach dem anderen gründlich unterrühren. Den Rum oder die Milch unterrühren. Die Form aus dem Ofen nehmen, Backpapier und Hülsenfrüchte entfernen.

3. Die Mandelcreme auf dem Teigboden verstreichen. Im Ofen (Mitte) weitere 30 Min. backen, dabei nach 15 Min. die Pinienkerne auf der Oberfläche verteilen. Die Tarte herausnehmen und gleichmäßig mit Puderzucker bestreuen. Weitere ca. 5 Min. backen, bis die Pinienkerne leicht karamellisiert sind. Die Tarte aus dem Ofen nehmen und auf einem Kuchengitter abkühlen lassen, dann servieren.

ORANGENTARTE

FÜR 1 TARTEFORM (26 CM Ø)

Zubereitungszeit: ca. 1 Std.
Kühlzeiten: insgesamt mind. 1 Std. 30 Min.
Backzeit: ca. 25 Min.
Bei 10 Stücken pro Stück: ca. 430 kcal

Teigzutaten wie im Grundrezept links

Für den Belag:
400 ml frisch gepresster Orangensaft (von ca. 5 Orangen)
abgeriebene Schale von 2 Bio-Orangen
100 g Zucker | 3 Eier (Größe M)
2 Eigelb | 25 g Speisestärke
200 g kalte Butter
Orangenfilets und -zesten zum Garnieren (nach Belieben)

Außerdem:
Brûlierer (kleiner Gasbrenner)

1. Den Mürbeteig wie im Grundrezept beschrieben zubereiten, kühlen und mit Backpapier und Hülsenfrüchten belegt in ca. 25 Min. goldbraun vorbacken.

2. Inzwischen den Orangensaft mit der -schale auf 225 ml einkochen. 75 g Zucker mit Eiern, Eigelben und Stärke verrühren. Den heißen Orangensaft unter Rühren dazugießen, dann die Mischung zurück in den Topf gießen. Unter ständigem Rühren aufkochen, bis die Creme dick wird, und noch 10 Sek. unter ständigem Rühren kochen lassen. Topf vom Herd nehmen. Creme durch ein Sieb streichen. Die Butter in Flöckchen unterrühren. Die Creme abgedeckt kalt stellen.

3. 1 Std. vor dem Servieren die Creme auf dem Mürbeteig verstreichen und die Tarte erneut kühlen. Zum Servieren die Tarte gleichmäßig mit übrigem Zucker bestreuen und mit dem Brûlierer karamellisieren. Nach Belieben mit Orangenfilets und -zesten garnieren.

TARTE AUX POMMES

APFELTARTE

Die Kombination aus knusprigem Mürbeteig und fruchtigem Belag liebe ich über alles! Kein Wunder also, dass diese Tarte zu einem unserer Familienklassiker geworden ist und uns schon viele sonntägliche Kaffee-und-Kuchen-Runden versüßt hat.

FÜR 1 TARTEFORM (26 CM Ø)

Zubereitungszeit: ca. 1 Std.
Kühlzeit: ca. 30 Min.
Backzeit: ca. 50 Min.
Bei 10 Stücken pro Stück: ca. 310 kcal

Für den Mürbeteig:
200 g Weizenmehl (Type 550)
50 g Zucker
Meersalz
125 g kalte Butter
1 Eigelb (Größe M)

Für den Belag:
1 kg säuerliche Äpfel (z. B. Cox orange)
75 g Butter
4–5 EL Zucker
2 EL Zitronensaft
2 EL Aprikosenkonfitüre zum Bestreichen

Außerdem:
Butter für die Form
Mehl zum Arbeiten
Backpapier und getrocknete Hülsenfrüchte zum Vorbacken

1. Für den Mürbeteig das Mehl, den Zucker, 1 kräftige Prise Meersalz und die kalte Butter in Flöckchen in eine Rührschüssel geben und mit den Fingern zu Streuseln verreiben. Dann das Eigelb und 1 EL eiskaltes Wasser dazugeben. Alles rasch zu einem geschmeidigen Teig verkneten. Diesen in Frischhaltefolie wickeln und 30 Min. im Kühlschrank ruhen lassen.

2. Den Backofen auf 200° vorheizen. Die Tarteform mit der Butter einfetten. Den Teig auf wenig Mehl etwas größer als die Form ausrollen und vorsichtig hineinlegen. Den Teigboden mit einer Gabel mehrmals einstechen. Mit Backpapier und getrockneten Hülsenfrüchten belegen. Im Ofen (Mitte) ca. 20 Min. vorbacken.

3. Inzwischen für den Belag die Äpfel schälen und entkernen. Die Hälfte der Äpfel klein schneiden und in einen Topf geben. 50 g Butter, 2 EL Zucker und 4 EL Wasser dazugeben. Alles aufkochen und in 5–10 Min. zu einem noch leicht stückigen Kompott kochen. Die übrigen Äpfel in dünne Spalten schneiden und sofort mit dem Zitronensaft beträufeln.

4. Die Tarteform aus dem Ofen nehmen. Backpapier und Hülsenfrüchte entfernen. Das Apfelkompott auf dem Teigboden verstreichen und die Apfelscheiben rosettenförmig darauflegen. Die übrige Butter in Flöckchen darauf verteilen und den übrigen Zucker darüberstreuen. Die Tarte im Ofen (Mitte) weitere ca. 30 Min. backen, bis die Apfelspalten leicht bräunen. Tarte aus dem Ofen nehmen. Die Aprikosenkonfitüre durch ein Sieb streichen und die heiße Tarte damit gleichmäßig bestreichen.

REGISTER

DANKE...

Monsieur, Johanne *und* **Pauline** – *für alles.*

Alessandra Redies, *die unermüdliche rédactrice, die den Anstoß zu diesem Buch gab und mir damit einen Traum erfüllt hat,*

Susanne Bodensteiner *fürs umsichtige und geduldige Lektorieren,*

Tina *und* **Tim** *fürs samstägliche Spontan-Modeln,*

Bjørn *für das tolle Fahrrad,*

Janet Hesse, *die nicht nur beherzt beim Titel-Shooting einsprang, sondern auch sonst überall gut gelaunt mit anpackte,*

und ganz besonders **Wolfgang Schardt,** *der mit Herz und Ausdauer fotografiert und auf der Suche nach den passenden Requisiten nicht nur unser Haus auf den Kopf gestellt hat. Vor allem hat er meine Bistro-Küche in einfach wundervolle Bilder umgesetzt – merci!*

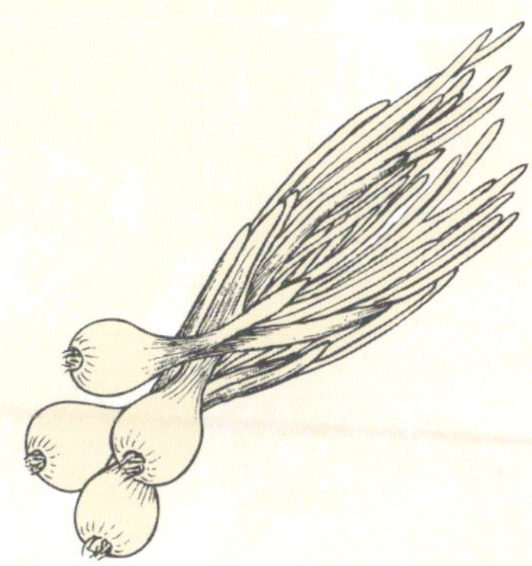

IMPRESSUM

DIE AUTORIN

Anne-Katrin Weber ist von Kindesbeinen an von Frankreich begeistert – manche nennen es auch »infiziert«. Mit ihrer Familie lebt sie in Hamburg, sie schreibt Koch- und Backbücher, entwickelt Rezepte und arbeitet als Foodstylistin. So oft wie möglich reist sie durch ihr Lieblingsland, sucht mal die Sonne im Süden, mal den Wind im Norden – immer aber gute Croissants, Rohmilchkäse und feinen Wein! **www.annekatrinweber.de**

DER FOTOGRAF

Wolfgang Schardt kann seine Liebe zum Essen, Trinken und zu Frankreich beruflich ausleben: In seinem Hamburger Studio fotografiert er vor allem Food für Zeitschriften, Bücher und Werbung. Seit der Fotoproduktion dieses Buches kann er verstehen, warum Anne-Katrin angefangen hat, selbst Brot zu backen. Daher der gemeinsame Appell an alle Hamburger Bäckereien: Bitte backt doch Croissants so buttrig und Baguettes so knusprig wie in Frankreich! **www.wolfgangschardt.com**

Ein großes Dankeschön geht an die Fotoassistentinnen **Janet Hesse,** die auch das Titelbild fotografierte, und **Elisabeth Hirsch** für die tatkräftige Unterstützung während des Shootings

Syndication: www.jalag-syndication.de
Konzept und Projektleitung: Alessandra Redies
Lektorat: Susanne Bodensteiner, München
Satz: Knipping Werbung GmbH, Berg bei Starnberg
Korrektorat: Waltraud Schmidt
Innenlayout, Typografie und Umschlaggestaltung:
independent Medien-Design, Horst Moser, München
Bildnachweis
Titelfoto: Janet Hesse; alle anderen: Wolfgang Schardt;
Illustrationen: shutterstock Images UC
Herstellung: Renate Hutt
Repro: medienprinzen GmbH, München
Druck und Bindung: Firmengruppe APPL, aprinta druck, Wemding
ISBN 978-3-8338-6815-3

GRÄFE UND UNZER

Ein Unternehmen der
GANSKE VERLAGSGRUPPE

Umwelthinweis: Dieses Buch ist auf PEFC-zertifiziertem Papier aus nachhaltiger Waldwirtschaft gedruckt.
Die **GU-Homepage** finden Sie unter **www.gu.de**

www.facebook.com/gu.verlag

Backofenhinweis
Die Backzeiten können je nach Herd variieren. Die Temperaturangaben in diesem Buch beziehen sich auf das Backen im Elektroherd mit Ober- und Unterhitze und können bei Gasherden oder Backen mit Umluft abweichen. Details entnehmen Sie bitte der Gebrauchsanweisung für Ihren Herd.